I0149382

GONZALO MUÑUMEL DIEZ

UN NIÑO EN LA GUERRA Y POSGUERRA

Liber Factory

Reservados todos los derechos. Queda rigurosamente prohibida, sin la autorización escrita de los titulares del Copyright, bajo las sanciones establecidas de las leyes, la reproducción parcial o total de esta obra por cualquier medio o procedimiento incluidos la reprografía y el tratamiento informático.

© 2015 Un niño en la guerra y posguerra
© Gonzalo Muñumel Diez
© 2015 Editorial: Liber Factory
C./ San Ildefonso nº 17 28012 Madrid. España
Web: www.liberfactory.com Tel: 0034 91 3117696

ISBN: 978-84-9949-819-5
Depósito legal: M-36665-2015

Portada: Autor, sus padres y familiares
Ilustraciones: Gonzalo Muñumel Diez

Las opiniones expresadas en este trabajo son exclusivas del autor. No reflejan necesariamente las opiniones del editor, que queda eximido de cualquier responsabilidad derivada de las mismas.

Disponible en préstamo, en formato electrónico, en www.bibliotecavisionnet.com

Disponible en papel y ebook
www.vnetlibrerias.com
www.terrabooks.com

Pedidos a:
pedidos@visionnet.es

Si quiere recibir información periódica sobre las novedades de nuestro grupo editor envíe un correo electrónico a:
subscripcion@visionnet.es

*"A Maria en el recuerdo,
y a Gema, Montse, Toñin,
Eloy y Henar, nuestra familia".*

A César Rubio Arbó
en agradecimiento
por sus consejos.

ÍNDICE DE LOS RELATOS

PRÓLOGO

La idea de este libro nace en el año 2005 por el injusto proceder de los organismos oficiales y sobre todo del Presidente del Gobierno al olvidar e ignorar a los niños de la guerra no exiliados. Este proceder se ve agravado sobre parte de estos niños, como se deduce por la carta expuesta a continuación.

En estas páginas se exponen las vivencias sufridas por el autor durante la guerra y las pasadas durante los primeros años de una larga posguerra, deduciéndose por lo expuesto, que aquellas situaciones no fueron un camino de rosas. Trágicas situaciones que, principalmente pasaron más los niños de las grandes capitales al sufrir las consecuencias de los continuos bombardeos.

En toda contienda, los niños son las primeras victimas y en nuestra guerra se contabilizó un importante número de ellos.

Esta certeza obliga a preguntarse: ¿Por qué en España no se ha tenido en cuenta a estos niños? ¿Por qué no se han dado a conocer sus tragedias? ¿Qué razones existen para este olvido e ignorancia?

Estos niños no solo pasaron hambre y privaciones en la guerra, también sufrieron las consecuencias de una cruel posguerra y además fueron protagonistas de la reconstrucción de España.

En ningún caso pretendo abrir heridas, tan solo dar a conocer con la visión de un niño los momentos pasados por ese colectivo infantil.

Conocimiento de un pasado que, a su vez debería obligar al Gobierno a reparar injustos olvidos.

Carta del autor al Presidente del Gobierno José Luís Rodríguez Zapatero.
Madrid 8 de febrero de 2005

LOS OTROS NIÑOS DE LA GUERRA

Excmo. Sr.:

Según su partido, solo existen unos niños de la guerra.

¿Se han preguntado Ud. y los miembros de su Gobierno, si existen otros niños de la guerra?

Pues sí, existen.

Niños cuyos padres, no permitieron la separación familiar y padecieron hambre, penurias, evacuaciones y bombardeos.

Niños cuyos allegados defendieron al Gobierno legal y que en la posguerra fueron ejecutados, encarcelados o tuvieron que exiliarse.

Niños que en la dictadura, sufrieron hambre, enfermedades, humillación y represalias.

Niños que se les privó de la niñez que les quedaba, por tener que trabajar desde los 14 años.

Niños que levantaron la España en la que Ud. vive, que después de haber cotizado más de cuarenta años a la Seguridad Social, y que por la necesidad del país, de salvar las empresas donde trabajaban, fueron sacrificados, enviándoles a la jubilación obligatoria con el 40% de reducción de la pensión que les correspondía.

Niños a los que no les fue aplicada la ley elaborada para ellos durante el Gobierno del PSOE, que les reconoce el 100% de su cotización.

Niños con un Gobierno sin la voluntad política de reconocer la injusticia, aún después de tener 5 Proposiciones no de Ley aprobadas por unanimidad de todos los Grupos Parlamentarios.

Niños que, hasta la fecha, siguen esperando, el acuse de recibo de las cartas enviadas a Ud. y sus ministros.

Niños que creían que su partido era el suyo.

Niños que no saben cuál es su pensamiento, pero el de ellos, se lo puede imaginar.

Niños supervivientes, hoy abuelos, con un proceso de más de 20 años que están esperando la culminación de un informe elaborado en la anterior legislatura.

Niños que le enviaron un escrito poniéndole en antecedentes, y que por su talante creen que Ud. desconoce.

Niños que esperan de Ud. respeto y consideración, y que al mismo tiempo le solicitan una entrevista o una pronta respuesta.

Estos son los niños que en su día trabajaron en las Empresas de ITT-España (Standard Eléctrica y Marconi Española)

UN NIÑO EN LA GUERRA Y POSGUERRA

PRIMERA PARTE
1928 / 1936

Tened presente el hambre: recordad su pasado
turbio de capataces que pagaban en plomo.
Aquel jornal al precio de la sangre cobrado,
con yugos en el alma, con golpes en el lomo.

Miguel Hernández

Una parte importante de lo que somos y creemos se
forja en los primeros años de vida gracias al entorno
en que crecemos y a la educación que recibimos.

LAS RAICES

Peguerinos se encuentra situado en el segmento final de la sierra de Guadarrama, a 50 Km. de Ávila y 15 Km. del Puerto de los Leones. Limita con la comunidad de Madrid (San Lorenzo de El Escorial y Santa Maria de la Alameda) y la provincia de Segovia (El Espinar y San Rafael). Dentro de la provincia de Ávila, linda con Las Navas del Marqués y depende de Cebreros, cabeza de partido judicial.

Acerca de sus orígenes poco se sabe, es posible que su nombre proceda de "peguera", lugar donde se quemaban los maderos de pino para extraer la pez. Por extensión, "peguero" es todo aquel que se dedica a la fabricación o venta de pez. Así pues se denominó Peguerinos por algún asentamiento de fabricantes de pez. Es evidente, que el nombre del pueblo está relacionado con una de sus mayores riquezas, los pinares. Históricamente, apenas sería tenida en cuenta su existencia en documentos estadísticos del siglo XVI, cuando aún figuraba como barrio de El Espinar. Pero el encanto de Peguerinos, radica en ser uno de esos pueblos alejados de la ciudad, ajeno a la confusión y al ruido, que contribuye a acercar a las personas a un estado de paz y equilibrio a menudo perdido, en un entorno prácticamente virgen, rodeado de arroyos y extensos pinares.

Aquel invierno fue muy crudo, cayendo sobre el pueblo de Peguerinos una intensa nevada que cuajó el suelo. Cuando llegaba, era profunda y tardaba mucho en irse. Aquella noche del 11 de enero fue larga y tensa. El alumbramiento se presentaba con grandes dificultades. Fue un parto con gran pérdida de sangre y de horrible sufrimiento para la joven madre. Se crearon momentos de agitación y angustia en la plácida superficie del pueblo. Cuando el doctor daba el caso por perdido, afortunadamente lo superó dando a luz a su primer hijo. Mis padres, Félix y Bernarda, no siguieron la costumbre de imponerme el nombre del santo del día de mi nacimiento. En la pila bautismal, el sacerdote me bautizó con el nombre de Gonzalo. De origen germano significa: Dispuesto a la lucha. Grandes agricultores, desenvueltos y fuertes. ¿Acertaron?

En las zonas rurales españolas, los medios de subsistencia no eran suficientes para alimentar el futuro de sus habitantes por este motivo emigraban en busca de mejores medios de vida. El pueblo de escasos recursos, obligó a mi padre a trasladarse a Madrid en busca de mejores horizontes. Tras varios trabajos temporales, consiguió un puesto como peón en una empresa dedicada a la telefonía: Standard Eléctrica S.A. Era un empleo fijo que le permitió alquilar una vivienda en el Paseo Imperial y trasladar a su esposa e hijo a la capital. Diez meses tenía yo, cuando ocurrió este hecho. Desde entonces soy abulense de nacimiento y madrileño de adopción. Más tarde nos trasladamos a la Carretera de Extremadura número seis, edificio situado entre la Plaza de la Puerta del Ángel y el Puente de Segovia.

Mi infancia hasta la Guerra Civil no tuvo nada de extraordinario o extraño. El decir de mi madre, era que había sido un niño revoltoso e inquieto, por lo cual me había perdido dos veces en la Casa de Campo. Rasgué el vestido de una vecina en su defensa, cuando mantenían una fuerte discusión por mi culpa. Lo cierto es que por más que me esfuerce, no logro acordarme de estos hechos.

¿Cuando empiezan los niños a tener recuerdos?

En mi opinión, a los niños no se les quedan fijados en su memoria los hechos cotidianos, solo retienen en la memoria los acontecimientos que se salen de lo normal, aunque no los comprendan.

Una y otra vez me esforcé por profundizar en el tiempo y descorrer el velo de los años, y por fin, como emergiendo de la niebla, aparecen los primeros recuerdos, que una vez escritos se asemejan a un conjunto de islas más o menos próximas, pero relacionadas entre sí.

Orientado al mediodía, el edificio donde vivíamos en el Paseo de Extremadura era de corredores que daban a un patio interior y en sus barandillas, se colgaban macetas, cuyas hojas y flores daban una nota de color que contrastaba con el de las ropas tendidas. En esta casa nacieron mis hermanos Félix y Anunciación.

Próxima a la construcción una calle cuya entrada y salida era la misma, situada entre la Plaza de la Puerta del Ángel y nuestra vivienda, era el acceso para ir a un colegio regido por religiosas. Su edificación era de planta baja, con aulas de grandes ventanales orientados a la Casa de Campo. Su función la enseñanza primaria gratuita y su nombre, Ave Maria. Fue la primera escuela que frecuenté.

Junto al puente de Segovia existía una plaza semicircular dividida por la Carretera de Extremadura. El sector más próximo a mi casa, estaba ocupado parcialmente por una edificación circular de dos plantas, baja y sótano. Estaba enfoscada a la tirolesa y circundada por un foso semejante al de un castillo medieval, que permitía la entrada de la luz a las ventanas de la planta sótano. El acceso se hacía por medio de puentecillos. Foso y puentecillos, estaban bordeados de barandillas como medios de protección. Era la Casa de Socorro. Este sector era el escenario de nuestros juegos, al que como siempre, los chicos nos alegrábamos de volver chillando y alborotando más de la cuenta para romper el silencio de las clases.

Mis progenitores pertenecían a familias numerosas. Por parte de mi padre eran nueve hermanos y de mi madre ocho. Ambas ramas poseían una hospitalidad natural y ese amor respetuoso hacia todo ser viviente. Siempre dispuestos a ayudar dentro de sus posibilidades a toda persona que se lo pidiera y más si eran familiares. Su lema era: para la familia lo que sea. Mi presencia siempre estuvo más vinculada a la familia de mi madre.

Recuerdo a Melitona mi abuela materna, con la que pasé algunos veranos y algún invierno en Peguerinos, persona de una bondad y dulzura fuera de lo común. Viuda y madre de ocho hijos la más pequeña en mantillas. Había sido hija de uno de los hombres más ricos del pueblo pero pasó a ser de las más pobres a causa de que su padre había dilapidado su fortuna con el juego y las mujeres. En el pueblo vivía en una casa de dos habitaciones, la de entrada era cocina, comedor y sala de estar, la otra era el dormitorio común. Una cortina de tela separaba ambas habitaciones. El suelo de la casa era de tierra excepto la lancha de granito donde se prendía la lumbre. En invierno, siempre permanecía en la penumbra y solo se iluminaba con las llamas del hogar porque no había ventanas, ni luz eléctrica y el dinero para velas brillaba por su ausencia.

Sus hijas desde muy jovencitas se fueron a servir y los varones a trabajar en lo que saliera. Todo el dinero que ganaban se lo entregaban.

Mi mayor contacto fue con el tío Juan séptimo de los hermanos, que buscando trabajo se trasladó a la capital y fijó su residencia en nuestra casa. No recuerdo que edad tendría yo, tampoco la de el, ni el tiempo que estuvo con nosotros pero si, de su gran afición al boxeo. Tal era su admiración que peleaba como aficionado en las veladas. Recuerdo las revistas que llevaba a casa y sobre todo el entusiasmo que mostraba al enseñarme las fotografías de los boxeadores de renombre o el momento de algún combate. Era tal el estado de ánimo que me producía ver aquellas narices aplastadas, que yo como un mono de imitación aplastaba la mía una y otra vez sin conseguir el resultado deseado. Pero si logré una desviación del tabique nasal. También recibí de él, el arte de boxear, hecho que me permitió salir bien librado en algunos momentos. Debía ser buen profesor porque con dieciséis años calcé guantes en un combate informal y un adulto presente me animó a dedicarme al boxeo. Fue una experiencia que afortunadamente no caló en mí. Pero me hizo un gran aficionado a ese deporte.

Los recuerdos más agradables de mi pueblo eran los veranos, cuando las mujeres bajaban al río a lavar y secar la ropa. Esos días para los niños eran especiales. Comíamos allí y nos marchábamos al anochecer. Completamente libres durante ese tiempo a nuestros juegos se les sumaba el baño, coger manzanas silvestres, moras, endrinas, tirar piedras a los pájaros e intentar capturar truchas. Esos días, totalmente agotados, después de la cena caíamos rápidamente en la cama.

También en mi memoria se conservan la fiesta de la matanza del cerdo, que se iniciaba siempre por San Martín donde destacaban las morcillas que hacía mi abuela y que concluía dos semanas más tarde en toda su elaboración. La romería para venerar la Virgen del Cubillo, bajo alguna de las incontables y bellas advocaciones con que la obsequiaban el fervor y la imaginación popular. También el ocho de octubre, festividad del pueblo, cuyo rito anual eran las corridas de toros, el baile y montar a caballo para agarrar al galope al gallo o ensartar las anillas con cintas de diferentes colores colgadas de una cuerda, trofeos que conseguidos eran ofrecidos a las mujeres elegidas.

En el mundo de los recuerdos hay momentos muy felices que son como un buen sueño, pero también los hay que son una pesadilla. Mis recuerdos existen en gran abundancia, por siempre han estado y están, pero ahora se arrastran por unos caminos que los llevan fuera de este mundo. Evidentemente he olvidado algunos, pero no aquellos del periodo de mi infancia derivados de experiencias pasadas durante la Guerra Civil. Conflicto que separó a los españoles durante tres largos años y que fue ampliado con una posguerra que duró casi cuatro décadas.

Los hechos vividos durante estas dos fases están bien grabados en mi memoria. Fueron años de una niñez fugaz y prólogo a la edad de los adultos.

SEGUNDA PARTE
1936 / 1939

Atraviesa la muerte con herrumbrosas lanzas,
y en traje de cañón, las parameras
donde cultiva el hombre raíces y esperanzas,
y llueve sal, y esparce calaveras.

Miguel Hernández

Se dice que la mayoría de las creencias, valores y aptitudes que conforman la personalidad, tienen su origen a los siete años y ocho los de la razón. Esta última edad tenía cuando se inició la Guerra Civil española.

DÍAS DE SANGRE

Las generaciones más jóvenes, no se pueden imaginar como era la vida en aquellos momentos de antagonismo. La tensa situación del país, sacudido desde la derecha y desde la izquierda por una agresiva radicalización de aptitudes, había hecho la convivencia difícil y problemático cualquier intento de conciliación. Estas posturas generaron la Guerra Civil como única solución a ese enfrentamiento político-social.

El 18 de julio de 1936, desaparecieron las estructuras y se rompieron los frenos. España se vio conmovida por una sublevación militar que significó la ruptura con el Gobierno de la Nación.

Los conspiradores, generales Franco y Mola fijaron el levantamiento del ejército de Marruecos en la mañana del día 17, y uno después, debían hacerlo todas las fuerzas de la Península. El resultado en los focos rebelados fue dispar, tuvo éxito en algunas ciudades, fracasando en otras.

En Madrid, al atardecer, el general Fanjul se presentó en el Cuartel de la Montaña de Príncipe Pío y después de leer un bando de estado de guerra, se puso al mando de las fuerzas acuarteladas. Al anochecer, fueron penetrando en sus instalaciones un elevado número de falangistas apoyando el levantamiento. Era un cuartel prácticamente sublevado, en el que algunas tropas mantenían posiciones pasivas y expectantes, mientras otras, las contrarias a la rebelión, se hallaban en menor proporción.

Por la noche, las fuerzas leales al Gobierno, representadas por la Guardia Civil y de Asalto, reforzadas con trabajadores previamente armados, rodearon el cuartel. En la mañana del día 20, sus instalaciones eran cañoneadas y bombardeadas. Después se inició un tiroteo por ambas partes. Durante este tiempo hubo un momento en el interior del cuartel, en el que se colocaron banderas blancas en señal de rendición lo que originó en las fuerzas asaltantes un intento de penetración. Desde dentro les tirotearon, lo que les produjo una serie de bajas que se sumaron a las de los tiroteos anteriores. Entre las fuerzas asaltantes se corrió el rumor de que había sido una traición premeditada por lo que, los ánimos se excitaron aún más. La resistencia duró unas horas y al final, con las fuerzas de seguridad al frente, seguida por los trabajadores irrumpieron por la puerta principal hasta el patio y tras una lucha encarnizada, lograron vencer a los sublevados y apoderarse del cuartel. Se hizo prisionero al general Fanjul que, conjuntamente con otros insurgentes serían juzgados y fusilados. Algunos oficiales se suicidaron, mientras los falangistas sufrieron una horrenda matanza. El alzamiento militar en la capital había sido un rotundo fracaso.

El conflicto descargó su locura sobre nuestras cabezas, destruyendo vidas y familias. Padecimos evacuaciones, hacinamientos, hambre hasta extremos increíbles, frío, terror a las bombas, temor por los familiares que luchaban en el frente de batalla, y las consecuencias psicológicas que marcaron a la población al ser arrastrada por el conflicto durante la guerra así como en una cruel posguerra que generó éxodos, encarcelamientos y muertes.

En Madrid, las noches de verano obligaban a las familias a abandonar sus casas buscando en la calle aire fresco. Una de esas noches, la imaginación o el engaño, hizo que la placidez de la barriada se viera alterada con la noticia de que el Duende de Zaragoza, había sido visto en el tejado de la casa próxima a la nuestra. El extraño suceso, ocurrido en la capital aragonesa, había conmocionado a toda España.

Como consecuencia, se formaron corrillos comentando la noticia, al tiempo que se dirigían miradas al tejado en cuestión. La expectación tardó en desvanecerse aún a pesar de no verse alguna figura.

Fue la antesala del Golpe de Estado y el comienzo de un momento histórico.

La noche del asalto al Cuartel de la Montaña, el verano estaba en la atmósfera. La Carretera de Extremadura era un hervidero de gente y su animación era parecida a la de un día de fiesta. En los corrillos que se habían formado ante las puertas de las tabernas, portales y vía pública, solo se hablaba de las sublevaciones, pero sobre todo, de la acaecida en el Cuartel de la Montaña. En una calle prácticamente sin tránsito y en un ambiente de gran excitación, la gente ávida de noticias cruzaba a ambos lados y se detenía en los grupos formados para oír los comentarios. Grupos de hombres en los que predominaba la juventud, con los ojos brillantes de entusiasmo recorrían la calle en ambos sentidos ondeando banderas y entonando canciones revolucionarias en un grado de entusiasmo total. Mientras tanto, como enlaces y con las orejas tiesas, los muchachos íbamos de corrillo en corrillo y lo que oíamos lo transmitíamos a familiares y vecinos. Procedente del otro lado del puente el conductor de un coche, repleto de ocupantes incluso montados en los estribos cantando la Internacional y lanzando vivas a la República se vio obligado a frenar ante una gente deseosa de noticias. Al instante le rodearon y sus viajeros fueron asaetados a preguntas sobre lo sucedido en el Cuartel. Yo curioso, como otros niños, estaba entre la multitud que paró el coche.

El comentario sobre el acontecimiento, era siempre el mismo:

"Los militares se han sublevado y se han hecho fuertes. Los obreros armados de fusiles se han sumado a las fuerzas leales al Gobierno. Han entrado en el cuartel y acabado con la resistencia. El patio está lleno de cadáveres. Hay muchas bajas entre las fuerzas asaltantes. En el cuarto de banderas hay muchos oficiales muertos, algunos se han suicidado y otros se han rendido".

En ese ambiente de excitación se oía algún que otro disparo suelto que no se sabía si eran de alegría por haber sofocado la rebelión o de represalia por el fracaso ya que en esos momentos el pastelero de nuestra casa estando apoyado junto a la puerta de su establecimiento y uno de esos disparos impactó en la pared junto a su cabeza.

En los días que siguieron a este suceso, durante una conversación mantenida entre mis padres me enteré de que el tío Juan, hermano pequeño de mi madre, era miembro del Partido Comunista y que había sido uno de los primeros trabajadores que penetraron en el asalto del Cuartel de la Montaña.

Durante un corto tiempo nuestro entorno parecía tranquilo, pero las consecuencias se hicieron notar.

Al divulgarse entre la población el rumor de que los curas disparaban a las personas desde el campanario de las iglesias el pueblo las incendió. Debido a esta causa, la voz popular comentaba que, mantener en su poder objetos religiosos significaba muerte o prisión. Como la imaginación se llena de terrores, algunos vieron que era muy peligroso mantener estos objetos en su poder, por lo que se deshicieron de ellos. Pronto entre los chicos se corrió la voz de que, las márgenes del río junto al puente de Segovia estaban sembradas de motivos religiosos. Como la curiosidad infantil es tan fuerte, nos sentimos arrastrados al lugar indicado y efectivamente, allí vimos estampas, escapularios, crucifijos y medallas incluso con sus cadenas de oro y plata.

Influenciados por los mayores, por temor, no nos atrevimos a coger ninguno de los motivos y rápidamente nos marchamos.

Durante el regreso comentamos, si estos motivos habían sido lanzados disimuladamente desde el puente ¿cuántos habrían caído al cauce del río?

A partir de entonces los acontecimientos se precipitaron. La tragedia amplió su escenario y se extendió por toda España. Los días de paz habían pasado y ahora llegaban los días manchados de sangre. Se acercaban tiempos de padecimiento y muerte.

LA PELEA

En los primeros momentos la degradación del ambiente, no afectó a nuestra vida infantil. Ajenos a la sublevación, actuábamos con plena normalidad. Nuestros juegos seguían y nuestras divergencias también.

Recuerdo cual fue el motivo de unas diferencias de opinión que mantuve con "Porterín", hijo de la portera del edificio anexo al nuestro. La causa, fueron los "cabezotas", películas de celuloide de los personajes relevantes del cine y deporte de aquella época que venían adosadas a los botellines del vermú Martíni Rossi. Diferencias que terminaron en pelea.

Como en todas las peleas, a la discusión, le siguieron los empujones y después llegamos a las manos.

Nos atacamos con rabia. La lucha fue encarnizada y en ella abundaron las patadas, puñetazos y jadeos ahogados. Aparentemente acabó cuando le aticé un formidable puñetazo en la cara que le hizo caer al suelo aparatosamente. Durante unos momentos allí se quedó sin aliento, tras lo cual la lucha parecía que había terminado. Yo estaba sorprendido de la contundencia de mi golpe, y me quedé observándole. Prontamente con la agilidad de un gato se levantó del suelo al mismo tiempo que daba un grito de rabia. Sin hacer caso de la sangre que se le escapaba de la nariz, avanzó hacia mí con los puños cerrados. Como yo le creía derrotado su inesperado ataque me desconcertó. De pronto se paró, todo el peso de su cuerpo se hallaba tras su puño derecho, en él escondía una piedra, que lanzó y cruzó el aire rápidamente para golpearme con fuerza en el labio superior. Al recibir la pedrada me quedé paralizado, luego levanté la mano para palparme y me sorprendí al verla manchada de sangre. Mientras la observaba un hilillo de sangre fluía de la herida y bajando hasta la comisura de los labios penetraba en la boca.

Dándome cuenta de lo que me había ocurrido y sintiendo como la cólera me iba ganando, contemplé como "Porterín" corriendo, se metía en el portal y luego en su casa. Durante unos instantes permanecí inmóvil mirando un portal vacío, hasta que finalmente como ya no podía alcanzarle, le grité furioso que me las pagaría. Ya no había remedio y era inútil echarse a llorar, por lo que enrabietado me encaminé hacia mi casa.

Durante el corto camino, mientras en mi boca sentía el sabor salobre de la sangre y en mi camisa había manchas de color rojo, en mi mente bullían deseos de venganza.

Pendiente de mi revancha pacientemente esperé varios días sin lograr verle. Cansado por la ausencia pregunté por él. Según me comentaron, salió evacuado hacia el norte de España.

¿Dónde? ¿Fue un niño de la guerra en el exilio? Siempre lo ignoré, nunca volví a verle. A partir de entonces, el colectivo infantil fue desintegrándose.

EVACUACIÓN

En el asalto a Madrid el conflicto estaba golpeando barrios y familias. Por nuestra zona las tropas sublevadas penetraron por la Casa de Campo. Por este hecho, la situación de nuestro entorno fue empeorando cada día. A los enfrentamientos cada vez más próximos se sumaban los disparos aislados de los emboscados. El estruendo de los morteros, ametralladoras y disparos de fusil era ya tan ensordecedor tan próximo a nuestra casa, que todo resultaba muy peligroso para nuestras vidas por lo que mis padres se vieron obligados a buscar refugio en una zona más segura y alejada del campo de batalla, como habían hecho otras familias.

La víspera del abandono de nuestro hogar mis hermanos llevaban ya un buen rato durmiendo cuando mis padres me obligaron a ir a la cama. Por mucho que lo intenté, no conseguía dormir. Esta era la primera vez que no cogía el sueño tan pronto caía en la cama. Estaba lleno de curiosidad por enterarme de la conversación, pero según mi padre, no me importaba de que iban a hablar. Yo les había oído comentar de nuestra posible marcha y sentía la curiosidad de saber cuando. No me importaba la reprimenda si me descubrían, por lo que me decidí a escucharles. Me incorporé en la cama y me senté en su borde. Después de respirar hondo me puse en pie y descalzo para no hacer ruido me acerqué a la cocina. Como puerta, tenía una cortina que entreabrí, y observé a mi madre sentada junto a la mesa, mientras mi padre de pie, le exponía el peligro que corrían si se quedaban allí más tiempo. Le oí comentar haber recibido de buena fuente la noticia: que nuestra casa pronto estará entre dos fuegos, el peligro es ya tan inminente que, forzosamente tenemos que abandonarla. Nos iremos a casa de mi hermano Ángel, con el que he hablado y nos dará cobijo. Haremos el traslado en dos fases. Por la mañana andando, iremos con las cosas más esenciales hasta casa de mi hermana Angelita y allí pasaremos la noche. Al día siguiente hasta la de mi hermano y por la tarde, con una camioneta de la empresa, volveré y cogeré lo más pesado y necesario, colchones, mantas y sábanas.

Pareciéndome que ya había oído bastante, me di la vuelta y silenciosamente me metí en el lecho. Con los ojos abiertos en la oscuridad y la mente en el viaje esperé el sueño acompañado por un concierto de disparos de fusil y el duro tableteo de las ametralladoras.

A la mañana siguiente, mis padres me despertaron temprano y mientras tomaba el desayuno acompañado por el estruendo de las explosiones como música de fondo, observé como terminaban por empaquetar los enseres más esenciales. Luego despertaron y prepararon a mis hermanos para la marcha.

Cuando salimos a la calle, el sol estaba en lo alto. Cargados mis padres con bártulos, yo con una bolsa y mi hermano con la jaula del canario, iniciamos la marcha bajo un sofocante calor. Cruzamos el puente de Segovia, y en los comienzos de la cuesta de la calle Segovia, los niños empezamos a sentir los efectos del cansancio y la temperatura elevada. El ahogo y la fatiga pronto llegaron a nosotros ya que no podíamos seguir el ritmo impuesto por mi padre. Ante nuestras continuas protestas, nuestros padres compasivos se detuvieron para que respiráramos y cogiéramos fuerzas. Una vez recuperados y cargados con una impedimenta que cada vez nos pesaba más, nuevamente reemprendimos la marcha en fila india por la acera de la sombra.

Después de las obligadas paradas por las sucesivas quejas infantiles y tras un largo y sufrido trayecto por fin llegamos a la calle Montesquinza. En un edificio, frente al Consulado Inglés, vivía en el segundo piso tía Angelita.

Cansados, muy cansados, habíamos cubierto la primera etapa.

Al día siguiente, muy temprano y nuevamente andando, llegamos a casa de tío Ángel, en la calle de Francisco Silvela, 92.

El plano mental de donde vivía era muy simple. Era un núcleo de cuatro edificios de cinco o seis plantas que parecían una isla ya que a su alrededor todo era descampado. El edificio donde habitaba, era el más próximo al sur. La casa del otro extremo orientada al norte, era de corredores y recibía el nombre de la "casita de cartón", porque según sus vecinos cuando hacía aire se movía toda. Junto a ella había una vaquería. Frente a las fachadas circulaba el canalillo de agua de Isabel II y unos desmontes con el trazado de futuras nuevas calles sin pavimentar, que llegaban hasta la de Velázquez. Las fachadas posteriores daban a la calle Cartagena.

La vivienda del tío Ángel situada en el piso primero, se componía de un pequeño recibidor, tres habitaciones, comedor, cocina y aseo.

Cuando llegamos ya estaban alojados más familiares, que transcurridos los días se fueron incrementando poco a poco, por nuevas evacuaciones hasta que llegamos a ser un total de veinte personas, ocho adultos, y doce niños.

Desde los primeros momentos de nuestra convivencia los evacuados de Peguerinos nos narraron el escalofriante suceso que se desarrolló cuando las tropas de la República tuvieron que retroceder ante el empuje del contrario y las vicisitudes que pasaron en la huida. Solo quedaron en el pueblo, los vecinos a los que su enfermedad los tenía inmovilizados en la cama y las personas mayores que no podían andar. La entrada de las tropas moras significó pasarles a cuchillo no solo a ellos también a los familiares que los cuidaban. Desde entonces el pueblo fue tomado por uno y otro bando alternativamente. Sin embargo la mayoría del tiempo estuvo entre dos fuegos y esta fue la causa de que Peguerinos fuera un pueblo muerto.

Obligados por el conflicto se había constituido una nueva Babel.

LA NUEVA BABEL

Los miembros de esta Babel estábamos pasando los momentos más trágicos y angustiosos de nuestra existencia. La guerra había caído sobre nosotros destruyendo nuestras vidas. A las evacuaciones había que sumarle el hacinamiento por la escasez de viviendas, la falta de comida y carbón, el terror a las bombas y la tristeza en los rostros de las madres por tener a sus hombres en el frente de batalla y no poder dar de comer a sus hijos.

Cuando llegaba la noche, los colchones recogidos y apilados por las mañanas, se echaban al suelo ocupando toda la superficie de la casa, excepto en la cocina y el cuarto de aseo. Nos desnudábamos y nos dejábamos caer sobre ellos, rozándonos los unos con los otros, silenciosos y martirizados por la obsesión de la comida y la incomodidad. Al principio solo se oía el profundo respirar de los niños, después el susurro de las oraciones en las madres. "Santa Maria, madre de Dios, ruega por nosotros, pecadores..." Más tarde al coro infantil se sumaba la respiración o el roncar de sus progenitoras.

Por las mañanas, muy temprano y sin ningún miramiento, las madres nos zarandeaban para que nos levantáramos rápidamente. Nos poníamos en pie como sonámbulos, estorbándonos los unos con los otros. Nos vestíamos como autómatas, al tiempo que se oían las voces maternas apremiándonos para dejar los espacios libres.

Los primeros meses del enfrentamiento fueron los peores y más difíciles. Aprendimos lo que es pasar frío atroz en invierno y lo que significa no tener comida. Solíamos levantarnos con hambre y seguíamos hambrientos cuando nos acostábamos.

Cuando había comida los desayunos se componían de un tazón de malta, achicoria, recuelo de café o un compuesto hecho de bellotas tostadas. Si había azúcar, siempre escasa, se introducía en una bolsita de tela, y como si fuera una infusión, se metía en el líquido del tazón de cada uno durante el tiempo que se contaba diez. A veces a este líquido calentito, le acompañaba un mendrugo de pan. Se establecían turnos, primero lo hacíamos los niños y a continuación los mayores por la falta de espacio.

Si se conseguían patatas, las mondas no se tiraban, estas bien limpias y luego fritas estaban exquisitas. También como comestible se aprovechaba la cáscara de la naranja.

Para alimentar esta Babel estaban el tío Ángel y mi padre al estar militarizada la empresa Standard Eléctrica. El resto de los varones se encontraban en el frente de batalla.

Si el tío Ángel, de oficio carnicero, conseguía un burro matalón era un verdadero lujo: teníamos comida para muchos días. Menos la piel y los cascos todo era comestible. Hacía chorizos, tasajos y los huesos se utilizaban para hacer caldo. Entonces nos pasábamos una temporada sin pasar hambre. A las lentejas con habitante, no les hacíamos asco. Cuando me tocaba limpiarlas, veía como algunas se desplazaban por la mesa, pero todas iban al puchero. Al hambre no hay mala boca, todo nos parecía bien. Cuando se conseguían garbanzos, una vez cocidos a veces eran tan duros, que mi madre los llamaba "balines". Incomibles había que machacarlos.

Estabilizado el frente de batalla, nuestra comida principal era invariablemente, arroz con garbanzos o lentejas.

De los chicos el mayor era el primo Jesús, hijo de tía Juliana, hermana de mi madre, tenia nueve años y el resto de la chiquillería bajábamos esa edad hasta el más pequeño de año y medio. La relación entre nosotros era variable, pasando de buenas, a llevarnos como el perro y el gato. Teníamos nuestras diferencias, incordios y percances. Las situaciones que creábamos eran diversas y la casa parecía un gallinero hasta que intervenían los mayores.

Sin colegio, actuábamos a nuestras anchas, moviéndonos con plena libertad por los entornos.

Un día, los mayores decidimos entrar en la vaquería anexa a la "casita de cartón" con la intención de ver las vacas. Para hacerlo había que recorrer un largo patio hasta llegar a los establos. El recinto siempre estaba vigilado por un perro negro, al que llamaban "Pichuli". El grupo de excursionistas, inocentes y confiados de que no nos haría nada, penetramos en el patio. Cuando habíamos recorrido la mitad del espacio que nos separaba de nuestro objetivo, apareció el perro, que ladrando se lanzó contra nosotros. Asustados dimos media vuelta y echamos a correr buscando la salida. En la huída, el último, el que menos corría recibió un mordisco en el culo. Resultó ser mi hermano Félix. Mi madre preocupada al ver la herida le llevó al hospital donde, después de curarle, en prevención le pusieron la vacuna antirrábica.

Generalmente en la calle nos dispersábamos y cada uno nos íbamos con los chicos de nuestra edad.

LOS PASEOS

En los primeros momentos de la guerra, no hubo piedad. Los desmanes se apoderaron del ambiente cometiéndose atrocidades de todo tipo.

El pretexto ideológico de eliminar a los que consideraban enemigos de la República, no fue el único móvil. Estaban también las rencillas personales y la apropiación indebida de bienes.

Los asesinatos eran realizados a sangre fría, sin juicio ni causa, y todos con una total impunidad propiciada por los momentos que vivíamos.

En todos los casos, la práctica de las ejecuciones consistía en, conducir a la victima en un automóvil, hasta el lugar de ejecución. A este acto se le llamó, dar el "paseo".

Fueron unos momentos que me enseñaron a lo que puede llegar el odio, maldad y ansia de dinero en las personas.

Manolín y yo éramos sobrinos de los tíos Ángel y Engracia, pero no primos ni vivíamos juntos. Desde que nos conocimos congeniamos rápidamente. Las tentaciones que tuviéramos, por muy disparatadas que fueran, nunca eran rechazadas por el otro, siempre actuábamos de común acuerdo.

Sin colegio y con tiempo libre casi siempre estábamos juntos y nuestras andanzas eran diversas.

Cuando eres niño haces cosas sin pensar que posiblemente no harías bajo ningún concepto si tuvieras más edad. Cuando se es niño, lo más importante es hacer y no pensar lo que se hace.

Normalmente los camiones que transportaban fuerzas y pertrechos de guerra al frente de batalla en la sierra de Guadarrama hacían escala en nuestra calle o en las de nuevo trazado. Durante el tiempo de estacionamiento, eran una fuente de alimentación y curiosidad para nosotros. Momentos que aprovechábamos para merodear entre los vehículos y mendigar algo de comida para mitigar el hambre. A veces éramos rechazados, pero las más, ante nuestra insistencia la conseguíamos. Casi siempre era carne de búfalo enlatada y un trozo de pan. Conseguido nuestro objetivo y después de darles las gracias la engullíamos allí mismo.

Un día, en uno de esos asentamientos, tuve el impulso repentino de ponerme una de las máscaras de gas que llevaban las fuerzas cuando se desplazaban al frente. Después de intentarlo varias veces con diferentes milicianos por fin uno que estaba en la plataforma de su camión accedió después de varios intentos.

Me alargó su mano para subir al camión y luego con su ayuda logré ponérmela. Al instante de satisfacción por haberlo conseguido, empezó a faltarme la respiración. Ante la falta de oxígeno mi ahogo era tal que, desesperado, empecé a luchar con las correas para quitármelas sin conseguirlo. Por fin, con la colaboración del miliciano, logré deshacerme de ellas. Una vez normalizada mi respiración, observé su cara con una mirada de interrogación. En su rostro se dibujaba una sonrisa burlona, que luego se transformó en risa. Entonces se despejó mi mente me había gastado la broma de mantener la llave de paso del oxigeno cerrada. Mi pensamiento en ese instante, quedó reflejado en la cara.

En otras ocasiones el estímulo, nacía de mi amigo. No recuerdo quién abrió cuando sonó el timbre de la puerta. La voz de Manolín me reclamaba desde el umbral. Salí a su encuentro extrañado que no pasara como hacia siempre. Ya juntos, y con mucho misterio me susurró que quería hablar a solas conmigo. Salimos al corredor y con su boca pegada a mi oído, me informó en voz baja y nerviosamente que, por la mañana oyó a sus hermanos comentarle a su madre que en un descampado próximo a la Glorieta de López de Hoyos yacían dos personas a las que les dieron el "paseo". Me propuso ir a verlas. La prudencia infantil resultó contaminada con la noticia. Morbosamente me sentí atraído y empujado a contemplar aquellos cuerpos muertos. Nunca había visto uno. Mi curiosidad era más grande que mi temor o respeto. Sin dudarlo le dije que me esperara en el portal de la calle. Entré en el salón de la casa, miré el reloj del aparador y sus manecillas marcaban las doce. Pensé que había tiempo suficiente hasta la hora de comer. Antes de salir, tomé las debidas precauciones para estar seguro de que no me iban a necesitar antes de dos horas. Luego solicité a mi madre salir a la calle y me contestó afirmativamente. A pesar de tener su permiso, crucé el piso sin hacer ruido para que no me preguntara donde iba. Abrí y cerré la puerta con sumo cuidado y bajé la escalera rápidamente. En el portal me esperaba Manolín y en la calle un sol radiante.

Nuestra vestimenta era similar, ambos llevábamos camisa blanca con las mangas remangadas por encima del codo, pantalón corto sujeto por una correa y nuestros pies sin calcetines, calzados con alpargatas. Aunque de estatura igual, nuestra tez era opuesta.

El moreno y de pelo negro, yo de piel blanca y pelo rubio.

Salimos del portal y nos desplazamos rápidamente a lo largo de la calle de Francisco Silvela. Íbamos expectantes y con una gran dosis de morbosa curiosidad. Durante el trayecto permanecimos en silencio. Pero de vez en cuando volvíamos la cabeza hacia atrás como temiendo que salieran en nuestra busca y no pudiéramos lograr nuestro objetivo. Sin embargo mi pensamiento se centraba principalmente en lo que veríamos y en la reprimenda o paliza que recibiría si se enteraban mis padres.

Llegados a la glorieta dejamos pasar un tranvía y luego la cruzamos. Próxima a ella había un desnivel donde se veían dos grupos de personas. Sin dudarlo iniciamos la escalada. En el descampado reinaba un silencio absoluto, se veían dos corros de personas separados por unos diez metros de distancia. El corro más cercano era el menos nutrido. A él nos encaminamos con pasos vacilantes por temor a alguna reprimenda. Ante nosotros yacía la forma humana de una mujer. Contemplé el cuerpo caído con esa sensación de terror disimulado y curiosidad, que todo ser vivo experimenta ante el misterio de la muerte. Era una mujer joven de pelo rubio que debía tener entre veinte y veinticinco años. En la cara blanca por la muerte, se veían fruncidas unas cejas finas y una boca abierta de par en par, que parecía querer lanzar un grito que nunca saldría de su garganta. Mientras las moscas se paseaban por su cara, yo tenía el corazón en la garganta al observar aquel cuerpo sin vida. Me sentí incomodo, mi primer impulso fue huir, pero me quedé anclado. Sin embargo en ese momento alguien decidió por nosotros, la voz perentoria de un hombre nos conminaba a marchar.

Después de alejarnos, dudamos si acercarnos al otro corro. Poco a poco el morbo y una fuerza invisible nos empujó hacia el. En este, había más personas. En el centro yacía un hombre joven vestido con traje gris y corbata. Sus brazos junto al cuerpo, con las palmas de la mano hacia abajo tenían los dedos encorvados como queriendo agarrar la tierra. Sus ojos abiertos, que parecían querer mirar el cielo azul, estremecían. Los labios con reflejos violáceos, estaban apretados en una dolorosa mueca. En una fosa nasal de su nariz aguileña, tenía introducido un cigarrillo encendido. Sobre su vientre, el pié derecho de un hombre corpulento, vestido con un mono caqui, lo apretaba y aflojaba alternativamente, al tiempo que se comía un panecillo. Era evidente su pretensión: Intentar establecer una comunicación de aire desde los intestinos, para mantener el cigarro encendido. A pesar de no lograrlo, el seguía insistiendo. Fascinado, observaba todo aquello a muy poca distancia. Nunca hasta entonces había visto muertos y yo creía que se les debía tener un respeto pero aquel acto era nuevo para mí. Este suceso me creó tal sentimiento de malestar que me obligó a alejarme del corro.

Durante el camino de vuelta, sin decirnos nada, y con los mismos pensamientos instintivamente, como protegiéndonos, nos rodeamos los hombros con nuestros brazos.

Nuestro silencio estaba impuesto por lo que habíamos visto. Yo intentaba apartar de mi mente aquellos cuerpos sin vida, sobre todo aquel pie apretando y aquella boca masticando pan, pero no lo conseguía.

Llevaba en mi interior las imágenes bien grabadas de aquellos instantes y andaba como si no existiera.

Llegada la noche, seguía oprimido por una angustia molesta y persistente.

Hoy en día, mi memoria conserva aquel espectáculo macabro que me acompañará hasta el día de mi muerte.

LOS BOMBARDEOS

El conflicto bélico no solo trajo hambre y hacinamiento, también se manifestó de una forma muy cruel con la tortura y muerte de los habitantes de Madrid al tener que soportar los intensos y sistemáticos bombardeos de la artillería y la aviación.

Por las noches, cuando había una incursión aérea, al principio solo se oían las sirenas, a estas les seguían las explosiones que después se mezclaban con un suave y sordo zumbido que parecía llegar del suelo y más tarde, se convertía en un ronroneo que iba en aumento, hasta que se hacia intenso e insistente. Mientras los reflectores, con su haz de luz como espadas taladraban la oscuridad en busca de los aviones, las bombas caían indiscriminadamente sobre la ciudad. Se derramaban por las calles los materiales con que estaban construidos los edificios y se producían incendios. En las casas próximas no afectadas, se oía el temblor o rotura de los cristales. Cuando los trimotores se desprendían de su carga mortífera y desaparecían, la ciudad conmocionada se sumergía en una extraña quietud. Era como si los habitantes hubiesen abandonado la ciudad. Luego esa quietud, se rompía cuando las sirenas anunciaban el fin del peligro.

Dormía profundamente cuando la mano de mi madre me sacudió enérgicamente y al mismo tiempo me apremió para que me levantase rápido, ya que los aviones venían bombardeando. Mientras me visto precipitadamente oí por primera vez la vibración de las sirenas, su sonido se me metió en el vientre al tiempo que observaba como se habían cumplido las normas impuestas por las autoridades, de cubrir las ventanas para no dejar pasar la luz. Durante el tiempo que tardé en ponerme la ropa, la casa ya se había convertido en una inmensa caldera en la que adultos y niños hervían. Voces imperativas, gritos, carreras, llantos y rostros horrorizados dominaban el ambiente. Las madres reagrupaban a sus hijos. Tía Juliana hecha en falta a su hija Maria, la busca por todas partes y por fin, la encuentra metida en la carbonera completamente aterrorizada. Los adultos nos apremiaban a salir rápidamente de casa, para bajar al refugio. Cuando abren la puerta nos llega el ruido de otras puertas, gritos, sollozos, voces suplicantes y el batir de muchos pies corriendo desordenadamente escaleras abajo. Los miedos nos paralizan, y otras veces nos desorientan. Hay caos y confusión. Durante el descenso, la abuela Melitona se agarra a la barandilla y petrificada de miedo se mea encima. Con la piel de un blanco de yeso parecía una estatua, que ni baja ni deja bajar. Los adultos se las ven y desean hasta que consiguen arrancarla. Un instante después todos abandonamos la casa.

En la calle, el estruendo de la formación aérea, las explosiones causadas por las bombas y los disparos de los cañones antiaéreos se hace ensordecedor. Con la mirada busco los haces de luz de los reflectores, que tratan de localizar a los bombarderos. En las personas se ven manos crispadas que se abaten suplicantes, rostros destruidos por el llanto, el terror y la ira. Los gritos se hacen clamor, ante la desesperación y la esperanza de alcanzar el cercano refugio excavado en la tierra. Mientras tanto el grupo familiar en desorden, con los rostros en los que se refleja el pánico, nos dirigimos con el miedo de que una vez dentro una bomba bloquee su entrada y nos impida salir. Luego en su interior, entre los refugiados el pánico se apodera de algunos niños y adultos, lo que hace crecer la angustia por estar en aquella cavidad sin casi luz. Más tarde, las explosiones disminuyen y luego cesan por completo. Se produce un silencio tan irreal, que por unos momentos parecía que estábamos muertos. Desaparecido el peligro suenan con fuerza las sirenas anunciando el final de la amenaza aérea. Cuando salimos, la calle empieza a llenarse de gente apresurada mientras los reflectores siguen rastreando el cielo en busca de unos aviones que ya han desaparecido. Cada portal engulle su cupo de hombres, mujeres y niños. Al poco rato solo quedan en la calle algunas personas comentando el daño que podrían haber hecho y la posibilidad de volver a bombardear esa noche. Afortunadamente, después de sembrar el miedo, la destrucción y la muerte los trimotores se alejaban dejándonos indemnes.

NUEVA VIVIENDA

Estabilizado el frente la nueva Babel se diseminó. La abuela Melitona y las tías Juliana y Paca con sus hijos se marcharon a San Lorenzo del Escorial. y tía Regina y sus dos hijas se quedaron con el tío Ángel.

Nosotros en un corto espacio de tiempo seguimos el mismo camino al ocupar una nueva morada en el mismo edificio. No se como se las arreglaron mi tío y mi padre, ni los trámites que tuvieron que seguir para conseguir la autorización de ocupar el domicilio de un desafecto al Gobierno de la República situado en el segundo piso de la misma finca donde vivíamos.

Se comentó que la vivienda, habitada por otra familia de evacuados, fue desalojada por las autoridades ante la falta de higiene, tanto en la morada, como en sus moradores. Lo cierto es que a sus hijos les apodaban los "trimotores", porque en sus cabezas peladas al cero aterrizaban los piojos.

Pero antes de ocuparla había que cumplir las normas, desinfectarla y pasados tres días los inspectores tenían que entran en la vivienda y quitar el precinto de una habitación, para verificar su contenido y después volverla a precintar. La noticia transmitida por mi madre, fue causa de satisfacción y alegría. Por fin íbamos a dejar de dormir en el suelo.

En ese instante mi curiosidad por ver su contenido era grande, tan grande que le transmití mi deseo de estar presente en la inspección a lo cual accedió, pero siempre y cuando pidiera permiso.

El reconocimiento de la vivienda se llevó a efecto por la mañana, y antes de entrar en presencia de mi madre pedí permiso a los dos inspectores que iban a realizar el trabajo de verificación. No pusieron ningún impedimento a que estuviera presente. Después de quitar el precinto y abrir la puerta, del interior salió un sutil olor a moho a pesar de la fumigación. En la habitación se veía una acumulación de muebles, enseres y sobre todo una estantería llena de libros. Mi asombro al ver tantos libros, hizo que se iluminaran mis ojos y al mismo tiempo que en mi mente germinara una idea. Sin dudarlo, antes de que dieran por finalizado su trabajo les solicité algunos libros para leer y que pondría el máximo cuidado en su conservación. Los funcionarios después de consultarse, accedieron. Una vez terminada la revisión eligieron varias novelas por entregas encuadernadas en piel y otras encuadernadas en rústica. Después de entregármelas me recomendaron que las cuidara bien. Muy agradecido les di las gracias. Luego precintaron la habitación y se despidieron.

Me encantaba leer, probablemente como resultado de la peculiar educación que había recibido de las monjas al inculcarme con paciencia la importancia de la lectura.

Ya disponía de entretenimiento para una buena temporada. Sin colegio y con tiempo libre, devoré rápidamente los libros que me dejaron. Para mí eran una novedad. Me quedaba atrapado en cada uno de sus argumentos y con los personajes que despertaban mi simpatía. Me parecían unas obras fascinantes, escritas con brillantez y enorme originalidad. Con su lectura, conseguía que mi imaginación convirtiera a mi gusto lo que deseara y me parecían tan atrayentes que los volvía a leer.

Libros cuyos temas eran variados, y de los cuales conservo en mi memoria algunos títulos y argumentos. Desde los basados en la primera guerra mundial como "El soldado desconocido", novelas policíacas del escritor francés Gastón Leroux y entre las de ciencia ficción el "Islote de los cadáveres vivos". Entre estas últimas se mencionaba el rayo láser y los beneficios que aportaría a la humanidad en el futuro.

PENURIA

Desde los primeros meses de la Guerra Civil, la población de Madrid estuvo afectada por el hambre. Las carencias de alimentación, empezaron a registrarse al término del verano de 1936. A la escasez generada por la ausencia de las zonas trigueras y ganaderas, se unió la ocultación que los campesinos hacían de sus productos. La falta de alimentos, carbón y otros artículos para subsistir, se vio agravada por las interminables caravanas de evacuados que incrementaban aún más el problema. Hubo que decretar el racionamiento de los alimentos. Los cauces para conseguir estos, eran muy limitados. Las largas colas de personas en espera de conseguir víveres, se convertirían en escenas cotidianas. Desde el amanecer, había que estar expuestos a las inclemencias del tiempo y el riesgo de los bombardeos.

Dormía pesadamente cuando la mano de mi madre me despertó antes del amanecer. El sueño, no me abandonó en el acto y me costó un gran esfuerzo encontrarme completamente lúcido. Miré a mis hermanos que dormían y sentí envidia. Hacía frío y la quietud reinaba en la casa. Mientras, una luz gris, fría, empezaba a penetrar por la ventana y se deslizaba a mí alrededor. Me movía con pasos tambaleantes, como si me sintiera incómodo en un suelo al que no estaba acostumbrado. Tiritando de frío, mi madre me ayudó a vestir.

En la cocina, tomé la malta caliente con un mendrugo de pan. Después de calentar el estómago, me puse el abrigo, la bufanda, el pasamontañas y como guantes unos calcetines de lana. Tomé la lechera que me alcanzó mi madre, y me dispuse a cumplir la orden maternal. Tenía que ir por comida. Era simplemente algo que había que hacer, como cumplir con un deber. Yo no trataba de comprender, las cosas sucedían. Cuando sucedían, se convertían en hechos. Uno no discutía los hechos. Antes de salir, me asomé a la ventana del balcón, y observé como caía la nieve. Era tan intensa, que no me permitía ver las farolas ni los árboles. A medida que la noche se transformaba en día, el silencio se apoderaba del ambiente, pero en ese amanecer aullaba el viento, era la ventisca. Aquel fue un invierno cubierto de nieve y uno de los más rigurosos de cuantos se recordaban en Madrid. El terror me golpeó el estómago y me hizo sentir enfermo. Me sobrecogía salir a un paisaje inhóspito que me llenaba de ansiedades, preocupaciones e inimaginables horrores. Los copos descendían y cada uno era arrastrado por un viento, que los lanzaba contra las casas, árboles y suelo. La tierra estaba cubierta de nieve. Parado en el portal, entorné los ojos y sonreí tristemente, luego me incliné para dominar el miedo y tener valor. Sí, temor y desaliento implican una pérdida del valor. Me sentía avergonzado. Pero haciendo de tripas corazón, me puse en movimiento pisando la nieve de una calle desierta. La fuerza del viento atravesaba mi ropa como si no la llevara. Caminaba encorvado y con las manos en los bolsillos para defenderme del frío. Tiritaba y no podía controlar los temblores. Avanzaba lo más rápido que podía, no sé si para calentar mi cuerpo o para ahuyentar el miedo. En el aire solo se oía, el crujido de mi calzado hollando la nieve y el aullido del viento. Atrás, iban quedando las huellas de mis pisadas, mientras, los copos de nieve lanzados por el viento, me daban de frente obligándome a entrecerrar los ojos. Atravesé el descampado hasta llegar a la calle Velázquez, donde estaba situada mi meta, el Socorro Rojo Internacional, organismo humanitario que repartía comida y medicinas.

Una larga cola de personas se me había adelantado. Era la lucha diaria por la vida, no conocíamos otro canal más próximo para subsistir. Seguía nevando, y el viento cortante persistía haciendo temblar los árboles como fantasmales esqueletos. Parecía como si los árboles hubiesen iniciado una danza macabra cuyo movimiento hiciera caer de las ramas la nieve depositada en ellas. La espera fue larga y el frío muy intenso. Helado, enormemente helado, por fin llegó mi turno.

Con la lechera llena, comencé el camino de vuelta y pronto llegué al descampado, penetrando nuevamente en él. Me conducía como un sonámbulo. No veía nada y tampoco me importaba, solo deseaba llegar cuanto antes a casa. Volví a sentir miedo, porque se me había ocurrido de pronto, que en aquel campo se veían sombras espectrales, que aparecían y desaparecían. Era como si en cada momento temiera encontrarme entre las garras de algún monstruo. Me daba la vuelta constantemente mirando de soslayo, mientras los músculos de mi espalda y hombros parecían encogerse en continua contracción nerviosa. El terror, me hizo acelerar el paso. Crucé precipitadamente el último tramo del descampado y atravesé la calle, jadeante. Franqueé el umbral del portal y en aquél instante, sentí ganas de llorar y lloré. Llorando subí las escaleras y con la puntera del pié, di repetidos golpes en la puerta de mi casa. Delante de mi madre y temblando de frío, me miré las manos completamente inmóviles y doloridas, tan doloridas, que no podía abrirlas para darle la lechera. Pensando en las manos que no sentía, y sin desear nada que no fuera sentirlas, mis ojos lloraban y lloraban. No sentía vergüenza, después de todo no era más que un niño de nueve años. Mi madre mostrándome su cariño, me abrazó y con ternura me pidió que me tranquilizara, que pronto notaria nuevamente el calor en mis manos. Poco a poco mi cuerpo se fue normalizando y entonces dejé de llorar y cuando le di la lechera en mi boca se dibujó una triste sonrisa.

LA PAELLA

Uno de los recuerdos más agradables, que con especial cariño guarda mi memoria de aquella época tan dura, sin duda fue cuando una tarde mi madre nos anunció, que el tío Ángel había conseguido dos conejos, que uno nos correspondía y que le guisaría en paella al día siguiente.

Después de muchos días, por fin se iba a alterar la monotonía de la alimentación, que cotidianamente se componía de arroz y lentejas, eso si con suerte, quedaba arroz, porque de lo contrario el menú quedaba compuesto por un triste plato de lentejas con habitantes incluidos, que por ser tan intensa la necesidad que se pasaba, incluso esos intrusos de la legumbre bien cociditos los engullíamos. Los hermanos con un semblante exultante, nos acercamos a la cocina para ver de cerca, sin cabeza y sin pellejo, uno de los dos conejos que el tío Ángel consiguiera y que al día siguiente serviría de sabrosa guarnición a la paella.

Para nosotros los chicos, aquel cambio tan inesperado en la dieta, fue el acontecimiento más importante que se produjo en la casa en mucho tiempo, y tanta la ilusión que nos deparó, que aquel día, lo poco que había lo cenamos rápido y sin sosiego, y nos metimos en la cama sin que nadie nos lo dijera. Tal era el ansia de todos por ver llegar el día siguiente y comer un plato diferente.

Llegó la mañana de aquel día tan esperado y con la algarabía de nuestras voces, la casa se llenó de alegría. Alegría tan contagiosa, que con ella todos juntos llegamos al mediodía, y ya sentados cada uno en su silla con el tenedor en la mano y la lógica impaciencia, esperamos que la humeante paella apareciera. La cocinera compadecida por fin de nuestros estómagos vacíos, y desde el fondo de la cocina, pidió sitio para que la paellera se colocara en el centro de la mesa. El olor que despedía era de tal naturaleza, que impregnaba la atmósfera con un perfume tan humano y apetitoso que me fue imposible evitar que la boca se me hiciera agua.

Mi madre comenzó a servir, pero guardaba un sospechoso silencio.

Una vez servidos todos, comenzó a llenar su plato y observé de reojo que rehusaba las tajadas de conejo. Comencé a paladear la paella, y no le di al episodio mayor importancia, porque aquella comilona para nosotros era algo especial, era sin duda un sabroso banquete que a todos nos apetecía disfrutar.

Todas las caras reflejaban satisfacción y contento, todo transcurría entre chispeantes bromas que a nadie ofendían, hasta que sonó el timbre llamando a la puerta. Mi madre presurosa se levantó para atender la llamada. En el recibidor se escuchó el clásico murmullo de las salutaciones de bienvenida, que rápidamente se convirtió en animada charla. Transcurridos unos instantes, mi madre y el tío Ángel hicieron acto de presencia en el comedor, el tío con un poquito de sorna nos preguntó que si la paella era de nuestro total agrado y si nos gustaba. Recibió la contestación al unísono de todos los comensales, que no solamente nos gustaba, sino que estábamos dispuestos a repetir la experiencia más veces. A continuación el tío hizo un guiño de complicidad con mi madre y luego con un visible regocijo bailándole en los ojos, finalizó con el gesto burlón de lanzar maullidos imitando a los gatos. Guardamos silencio sorprendidos, como queriendo medir la sonoridad de los maullidos emitidos. El tío y mi madre comenzaron a reír. Risas que luego terminaron en carcajadas, al confesar que nos habían dado gato por liebre, pues los tiempos no estaban para dispendios de esa índole. Se inició un silencio profundo entre nosotros, pero sin dejar de comer, pues la verdad el gato no estaba nada mal, incluso diría después, que estaba exquisito. En los platos, como prueba de lo que digo, únicamente quedaron los huesos mondados del pobre minino.

La conclusión que yo saqué es que si querían producirnos asco, les salió el tiro por la culata.

Más tarde, mi madre nos confesó que el tío había comprado los "conejos" a un grupo de personas dedicado a la caza de animales para vender, entre los que con preferencia se encontraban gatos y ratas de agua, que en esos tiempos de escasez eran muy apreciados.

NOCHEBUENA

Durante el tiempo que duró el conflicto no hubo coacciones o impedimentos para la celebración de las Fiestas Navideñas. Tampoco oí a mis padres comentar nada al respecto.

En aquellos momentos las familias intentaban por todos los medios seguir con la tradición. Era como una obligación. Pero sobre todo por la ilusión que generaba en los niños más que por los deseos de las madres ante la imposibilidad de que sus cónyuges pudieran estar presentes.

Para celebrar las fiestas de Navidad mi padre a finales de noviembre de 1936, compró en un pueblo de Guadalajara una coneja de pelo negro, por una gran cantidad de dinero en aquella época. Catorce duros. Le hizo una conejera que ubicó dentro de la casa por el frío, y me asignó la responsabilidad de alimentarla. Así que diariamente con un cuchillo, una azadilla y una bolsa tenía que ir a los descampados de los alrededores para cortar la hierba y escarbar la tierra para coger la grama. De la limpieza de la jaula se encargaría mi madre.

A medida que pasaban los días la coneja bien alimentada, fue haciéndose grande y engordando.

Faltaban tres días para las fiestas, cuando mi madre se notó en las muñecas lesiones cutáneas y surcos grisáceos, que la alarmaron y obligaron a ir al médico. En la consulta, el doctor le diagnosticó que era sarna. Le preguntó si teníamos animales en casa. La contestación de mi madre fue que tenía una coneja para celebrar las fiestas. Una vez recetada la medicación para su curación, le explicó que el causante de su mal era el animal, recomendándola desprenderse de el. Después le indicó donde se manifestaban o detectaban los signos de la enfermedad.

A la llegada a casa, mi madre se fue directamente a reconocer al mamífero y siguiendo las indicaciones del doctor observó que en la cabeza, detrás de las orejas, tenía unas descamaciones bastante pronunciadas. Sin dudarlo la conejera con su inquilina fueron a parar al balcón.

Cuando llegó mi padre y le explicó la causa decidieron seguir la recomendación médica de no comerla por temor a las repercusiones que pudieran derivarse de la enfermedad. Mis padres comentando que hacer con ella y lamentándose del trastorno que les iba a originar en las fiestas se olvidaron del animal. Pasó la noche y por la mañana nos encontramos la coneja muerta. El frío decidió.

Esa misma mañana la había metido en un saco y me disponía a enterrarla, cuando llamaron a la puerta de la calle. Eran dos milicianos que vivían al lado, que al enterarse de que nos íbamos a deshacer de ella, nos la pedían para comérsela. El suceso había trascendido entre la vecindad. Después de explicarles mi madre nuevamente la enfermedad que tenía, la causa de su muerte y la recomendación del médico de no comerla, siguieron insistiendo. Ante los reparos de mi madre a dársela le dijeron que no se preocupara por lo que pudiera pasarles. Finalmente mi madre acabó por ceder.

Adiós a las ilusiones de llenar la tripa en las Fiestas Navideñas.

Posteriormente nos enteramos, de que después de prescindir de la cabeza, hicieron un estofado. Las consecuencias de ingerir la coneja en esas condiciones, no llegamos a conocerlas. Nunca supimos de ellos.

JUEGOS Y DISTRACCIONES

Durante el periodo que duró la contienda nuestro sistema nervioso se había adaptado a la situación. Desde el fondo de nuestros escasos años no valorábamos el curso de los acontecimientos y la realidad de la guerra no nos afectaba. Los niños de entonces carecíamos de comida, pero no de tiempo. Nuestra única inquietud era llenar ese tiempo.

Sin escuelas y ataduras, el ocio hacía que nuestras imaginaciones forjaran cualquier tipo de insensatez. Toda distracción era bien acogida. El caso era estar entretenidos y pasarlo lo mejor posible. Este deseo común había establecido un acercamiento amistoso entre los muchachos de distintas edades.

Eran momentos trágicos en los que actuábamos con total libertad al estar solo atentos a nuestros juegos y distracciones.

A veces los días pasaban con juegos apacibles, canicas, chapas, pídola y otros, pero el más socorrido de todos era el fútbol.

Cuando todavía había árboles íbamos a la caza de pájaros con la idea de llevarlos a la cazuela. Utilizabamos el tirachinas. Nunca había abatido a uno. Un día lo logré al primer lanzamiento. Cuando me acerqué, al verlo en el suelo muerto con sangre en la pechuga, me sentí tan triste y con tales remordimientos de conciencia que lo dejé en suelo y me marché.

Otros días los juegos eran violentos. Las "pedreas". Con ellas medíamos nuestras fuerzas con las de los chicos de los barrios de los entornos y durante el combate a veces el suelo se manchaba con sangre.

Los enfrentamientos eran promovidos por los chicos mayores, que hartos de la inactividad y del aburrimiento, necesitaban distraerse. Entonces nos llamaban a los pequeños y nos convencían para buscar pelea con los muchachos de los alrededores. Para cumplir con sus deseos nos acercábamos a retar a los chicos de la barriada elegida. A veces nuestros insultos no servían para nada y para lograr la pelea les lanzábamos piedras hasta que nos correspondían con la misma moneda. Una vez logrado nuestro objetivo la táctica era retroceder hasta que llegábamos a nuestro entorno donde esperaban ese momento los mayores. Al aumentar nuestras fuerzas les hacíamos retroceder hasta que se estabilizaba la línea de combate. Cuando ocurría esto los combatientes por cansancio u obligación iban abandonando las filas, entonces la lucha languidecía y la pelea se terminaba sin vencedores ni vencidos.

A veces los enfrentamientos se desarrollaban en lugares públicos. Durante unos momentos las piedras batían las calles, y caían los cristales de las ventanas y farolas hasta que se veían obligados los chicos de esa barriada a refugiarse en los portales conjuntamente con los viandantes para no sufrir las consecuencias de alguna pedrada.

El grupo vencedor, sin oponentes, esperaba durante unos momentos de expectación por si había réplica. Luego, ante el silencio, se retiraban eufóricos después haber conseguido la victoria.

Durante las refriegas los bandos utilizabamos como arma arrojadiza principalmente las piedras y a veces los balines. Estos proyectiles eran lanzados a mano, con el tirachinas o la honda según su tamaño. Al restallar de las hondas, a los gritos o insultos que nos lanzábamos a veces se les añadía algún que otro lamento. Como fruto de una de aquellas batallas recibí un trofeo en forma de cicatriz entre ceja y ceja.

También aprovechábamos situaciones de entretenimiento en las que podíamos perder la vida. Nuestra inconsciencia era tal que, cuando encima de nosotros había un combate aéreo entre cazas, nos tendíamos en el suelo boca arriba para contemplar las evoluciones de persecución que realizaban los combatientes. Los muchachos no nos movíamos y apenas si respirábamos, mirábamos sin pestañear y escuchábamos el sonido que emitían que parecía salir del infierno. Nos sentíamos atraídos por las impresionantes maniobras que realizaban. Entonces debatíamos si nuestros aviones eran los "chatos" o los "moscas".

Este espectáculo se desarrollaba en un cielo sin nubes donde los cazas contendientes evolucionaban, persiguiéndose en medio de frenéticas piruetas, y al tiempo que se ametrallaban se oían unos zumbidos agudos como lamentos.

Esos momentos no evocaban en mí otra sensación que la que podía causarme una película emocionante.

Cuando necesitaba algún dinero no acudía a mi madre. Tenía dos cauces para conseguirlo. Uno consistía en dar el "agua" (avisar) cuando aparecían los guardias, al corro de personas que apostaban su dinero al "cané", juego de cartas prohibido. En el otro, actuaba de "robatero", que consiste en recoger y dar los tejos que los jugadores lanzan al "chito". En este juego también se arriesgaba dinero.

Durante el tiempo que duró la guerra la población para aliviar su tensión y apartar los problemas existentes no dejó de frecuentar los espectáculos. El cine era una de mis distracciones preferidas y siempre que podía estaba dispuesto a disfrutarlo. Generalmente iba con otros muchachos y esperábamos ante el cine, a que empezara la sesión. La mayoría de los espectadores eran adultos y abundaban las mujeres.

Los cines Padilla y Salamanca eran los locales más próximos que yo frecuentaba. En ellos proyectaron películas de gran interés para mí. Entre las que recuerdo estaban las americanas como El Gran Ziegfeld, Mares de China, Suzy y Tiempos Modernos y las españolas como Suspiros de España, La hija de Juan Simón y Don Quintín el Amargao.

Las sesiones, nos permitían ver entre otros, a grandes actores extranjeros como Charlot, Jean Harlow, Wallace Beery y Cary Grant y españoles como Estrellita Castro, Imperio Argentina, Angelillo y Roberto Rey.

FAMILIARES

En la sierra de Guadarrama, la línea del frente quedó condicionada por los accidentes geográficos de la cadena montañosa y sus pasos. Las tropas sublevadas pensaron que era sencilla la toma de Madrid, pero al no producirse, generó que ambos bandos pusieran todos sus recursos al servicio de un enfrentamiento largo, del que se derivaría una guerra de posiciones muy cruel.

En ese frente estuvo toda la familia de mi madre, gente humilde que tenía que trabajar duramente para sobrevivir. Aparte de los lazos familiares tenían otro vínculo común, eran hombres de izquierdas que sin excepción militaron en el bando republicano. Nacidos en Peguerinos y San Lorenzo del Escorial, como conocedores de la zona estuvieron combatiendo por sus entornos.

Políticamente que yo supiera en aquellos instantes el único familiar que se había significado antes de la guerra fue mi padre al afiliarse al sindicato de la Unión General de Trabajadores.

Desde los comienzos hasta el final del conflicto me enteré por mis padres de los movimientos familiares en el frente de batalla y sus consecuencias.

El tío Juan, el hermano pequeño de mi madre, fue el más significado políticamente estando afiliado al Partido Comunista. Hombre valiente y sin temor a cualquier situación, fue uno de los primeros que asaltaron el Cuartel de la Montaña. Perteneció durante la guerra al Batallón Alpino con el grado de sargento, cuyo campo de operaciones estaba en las sierras de Guadarrama y Navacerrada en Madrid. En 1938, durante un periodo de descanso, le concedieron permiso para casarse. El casamiento con Esperanza Vela se celebró en la capital y se celebró por lo Civil. El convite se celebró en casa del tío Ángel con un cordero que el novio trajo desde Rascafría. En la celebración junto con los recién casados, asistieron la madre del novio Melitona, padres y hermana de la novia, los tíos Ángel y Engracia, mis padres y los hijos de ambas parejas.

Otro de los hermanos de mi madre, el tío Eduardo, estuvo presente en la batalla de Brunete. En 1937, la aviación bombardeó de noche las posiciones republicanas sin que hubiera réplica por carecer de medios para el combate nocturno. En ella participó, y resultó herido por la metralla en el pié derecho. Mi madre y yo fuimos a visitarle al Hotel Ritz, que había sido habilitado como hospital militar. Entramos en una sala llena de camas, en un ambiente en el que flotaba un olor a medicinas, sudor y orina. La guerra y la herida, habían marcado profundamente su rostro, pero sin embargo el más duro trance que estaba sufriendo era la separación con su familia, como nos confesó más tarde. Nos comentó que su herida no era grave y que volvería a andar normalmente.

El tercero de los hermanos, el tío Lorenzo, era teniente y su campo de operaciones estaba por la zona de Cataluña.

Del resto de los familiares no tuve noticias relevantes.

ACTO FINAL

Entrado el año 1939, se fue agravando la situación. El déficit alimentario seguía siendo el suplicio de cada día y el estado de ánimo era ya de total abatimiento. Empezamos a vivir la rebelión de los miembros del Partido Comunista, que no estaban dispuestos a la rendición. En el corto tiempo que duró, se produjeron feroces combates en las calles de Madrid en la lucha por el control del centro de la capital. El pueblo habituado a los tres años de guerra hizo la misma vida que había llevado hasta entonces. Salía en busca de comida y asistía a los espectáculos. Por descontado los niños actuábamos como si no se hubiese producido este hecho.

La necesidad de más fuerzas para el frente, dio origen a la movilización de nuevas quintas. Se llamó a filas a muchachos de 18 años, a los que se apodó la "Quinta del Chupete" y también a los cuarentones, entre los que se encontraba mi padre. Se habían movilizado los reemplazos de 1919, 1920, 1921 y 1922

Un día mi padre volvió del trabajo a una hora fuera de lo normal. Desde que entró presentí que algo grave ocurría al ver su semblante desfigurado. Traía la cara desencajada y muy seria. Silenciosamente pasó al comedor y se sentó ante la mesa. Al instante se presentó mi madre que extrañada al verle tan temprano quiso saber los motivos. La contestación fue como un mazazo. Mi padre la informó que había recibido la orden de movilización a filas. Mandato que había que cumplir ante la proximidad del fin de la contienda.

Mi padre, conocedor de la crítica situación que vivíamos, dudaba y dudaba en presentarse. Era un momento de gran responsabilidad pues no hacerlo podría acarrearle graves consecuencias. Existía la posibilidad de que al no presentarse tuviera que hacer frente al pelotón de fusilamiento.

Recuerdo que mi madre con lágrimas en los ojos, le rogaba continuamente que no hiciera la tontería de presentarse, ante el inminente fin de la guerra.

Mi padre seguía mirando fijamente la mesa hasta que por fin dirigiendo la vista a mi madre, se decidió. No se presentaría a filas. Mi madre llorando, le abrazó. Yo, contento con esta decisión, me encaminé silenciosamente con una sonrisa a la calle.

En aquel momento, el pesimismo era tan dominante en la población por el acentuado decaimiento republicano, que dio lugar a que un crecido número de hombres no se presentaran.

La situación del conflicto era desfavorable a las fuerzas republicanas por lo que se hablaba de rendición, hecho que el Partido Comunista no estaba dispuesto, por lo que generó una sublevación.

Durante este periodo hasta la rendición, se sucedieron una serie de hechos que pudieron ser trágicos para mi familia.

Las manecillas del reloj apuntaban las 4'30 de una tarde luminosa. Ese momento lo aprovechó mi madre para coser en la vieja máquina de pedales Singer. Como otras veces, la desplazó al hueco del balcón y así aprovechar el máximo de luz. Cuando se sentó para realizar su labor, me bajé a la calle a jugar.

El tránsito de la calle era normal a pesar de que en el aire resonaban los disparos de la batalla que se libraba en las calles. La gente estaba despreocupada de las balas que silbaban a su alrededor. No le di importancia y me fui a reunir con los otros muchachos que estaban al otro lado de la calle. Después de estar un rato entretenidos jugando al peón, oímos gritos de dolor próximos a donde estábamos nosotros. Al dirigir la mirada en esa dirección, vimos a una joven muchacha tendida en el suelo con las manos ensangrentadas como sujetando su muslo izquierdo. A coro, nuestros gritos alertaron a los adultos que se acercaron para auxiliarla. Como nosotros no podíamos hacer nada más, nos desentendimos de ella al tiempo que uno de los adultos opinaba, que el destrozo del muslo parecía ser producido por una bala dum-dum. Nuestro grupo después de comentar el incidente se separó, entonces me encaminé a casa para narrar a mi madre el suceso.

Ella estaba en la cocina, sentada en una banqueta ante la mesa, jugueteando con una manzana. Se la veía nerviosa a la vez que pensativa. Sentado ante ella, me incliné hacia adelante para llamar su atención, pero no me hizo caso. Observaba la manzana que tenía entre sus manos.

¿Tenía la intención de pelarla y comerla o de guardarla?

Por fin, mi madre dejando la manzana en su regazo levantó la mirada.

¿Qué tienes que decirme? Me preguntó.

Una vez que terminé de contarle lo que había presenciado, mi madre me sorprendió. Sin más explicaciones, me pidió que la acompañara al balcón. Una vez fuera, me señaló muy alterada un gran desconchón en la fachada próxima al quicio. A continuación me contó el gran susto que se llevó por el impacto del proyectil, y los desperfectos al caer sobre el suelo y la máquina de coser. Añadió, que si se hubiese desviado un poquito en su dirección, la abría dado de lleno. Por el destrozo no me pareció la bala de un fúsil y si el proyectil de un cañón antitanque. Afortunadamente se quedó en susto.

Una de las tardes durante la rebelión de las fuerzas comunistas que no querían la rendición, forcé a mi padre a cumplir su palabra de llevarme al cine. El se mostraba reacio por la situación, pero yo le insistí una y otra vez hasta que accedió. Esa tarde hacía un sol espléndido. En las calles reinaba un extraño silencio, solo roto por los disparos de los rebelados y los "pacos" de los emboscados. Durante el trayecto, el mutismo de mi padre, solo era alterado por sus recomendaciones de regresar a casa, por ser muy peligroso recorrer las calles en aquellos momentos. Yo no le hacía caso y despreocupado por las balas seguía el camino solo pensando en la película que iba a ver. Llegamos y regresamos del cine Padilla sin incidentes.

Pocos días antes del fin de la guerra oí por última vez el ronroneo de los trimotores.

Los muchachos estábamos jugando en el descampado más próximo, cuando un ruido lejano del acercamiento de aviones se vio roto por la alarma de las sirenas. Corriendo nos refugiamos cada uno en nuestro portal. No subí a casa y me quedé allí expectante a observar. Con la trayectoria de la hoy Avenida de América los trimotores aparecieron volando casi a ras de los tejados. Me quedé en suspenso durante un momento esperando oír las explosiones, pero los aviones pasaron y el ruido que hacían fue disminuyendo sin que nada ocurriera. Salí a la calle extrañado y reunido nuevamente con los amigos comentamos lo raro de no oír explosiones. Este hecho anormal fue el comentario general de la barriada. Al rato nos enteramos de la causa. Durante la pasada aérea habían bombardeado el trayecto con pequeños sacos de pan blanco. La noticia añadía que no debíamos coger los panecillos por estar envenenados. No nos fiábamos. A pesar de ello, el hambre hizo que nos acercáramos para conseguir algún saco. No logramos verlos habían volado.

Mientras tanto Madrid seguía resistiendo heroicamente, pero ya su caída ante el ejército franquista era inminente. En marzo el coronel Casado lanzó por radio un manifiesto, en el que se constituía la Junta de Defensa con el objeto de humanizar el fin de la guerra.

El 1 de abril de 1939 la guerra terminó con la victoria completa e incondicional del general Franco.

El día era soleado. En los balcones se colgaron banderas rojigualdas y símbolos religiosos. Por la calle pasaban grupos flameando banderas, cantando y gritando victoriosamente. Los escasos coches que circulaban iban tan llenos que sus eufóricos ocupantes llenaban hasta los estribos.

Si en los comienzos del conflicto se sembraron de motivos religiosos las márgenes del río Manzanares junto al puente de Segovia, al final de la guerra los terraplenes y las cuevas del nuevo trazado de las calles desde Francisco Silvela hasta la de Velázquez, se vieron adornados con todo tipo de artefactos de guerra.

TERCERA PARTE
1939 / 1942

Por hambre vuelve el hombre sobre los laberintos
donde la vida habita siniestramente sola.
Reaparece la fiera, recobra sus instintos,
sus patas erizadas, sus rencores, su cola.

Miguel Hernández

No se puede ver en profundidad el sufrimiento, la desesperanza y el dolor en los niños que vivieron la guerra y la posguerra.

POSGUERRA

El final de nuestra guerra fue el comienzo de la mayor tragedia de la historia universal, la II Guerra Mundial.

Comenzó en septiembre de 1939, cuando Alemania invadió Polonia y su escenario se extendió por casi todo el planeta. Durante su transcurso, se cometieron todo tipo de monstruosidades y el efecto de las armas fue devastador. Murieron millones de personas y en el ocaso del conflicto, se experimentaron contra Japón las primeras bombas atómicas. Finalizó en 1945.

Afortunadamente España no estuvo involucrada.

Era natural que, después de haber sufrido los efectos de la guerra, no pudiera contener mi alegría al sobrevivirla. Alegría que pronto se vería truncada cuando esos sufrimientos se vieron incrementados en el siguiente periodo, la posguerra.

Si los años de infierno y horror que pasamos durante la Guerra Civil fueron duros, los de la posguerra fueron peores. Fue un periodo largo y durísimo de la historia de España. La población estuvo sometida al terror y al silencio. No se podía hablar por miedo a la delación y a las represalias. La escasez de alimentos, el estraperlo, la falta de vivienda, la inmoralidad, la corrupción y las humillaciones estaban a la orden del día. La lectura fue restringida. Con la falta de gasolina se implantaron los gasógenos para mover los coches. Las restricciones de energía eléctrica hicieron aparecer los infiernillos, las cocinas de petróleo y las velas. No era permitida la entrada de alimentos en la capital, todo lo que se intentaba pasar era requisado. Se establecieron las cartillas de racionamiento para alimentos y tabaco. Como no eran suficientes los alimentos que se señalaron por persona, había que ir al mercado negro, los estraperlistas. Esto deterioraba en exceso nuestras escasas economías.

Durante el tiempo que siguió a la terminación de la guerra, se originó un patético calvario para los que se mantuvieron fieles al Gobierno. El exilio, los encarcelamientos, los campos de concentración, los batallones de trabajo para redención de penas, las condenas durísimas, las ejecuciones y las vejaciones fueron el punto negro de la represión franquista. Como venganza, se hacían juicios sumarísimos y se fusilaba a la gente por cuestiones ideológicas y rencillas personales. Una buena parte de los prisioneros de guerra, estaba siendo exterminada. Los que se salvaron de la muerte, sufrieron toda clase de torturas, castigos, trabajos forzados, hambre, enfermedades y muchos años de cárcel.

El comienzo de la posguerra, fue el final del periodo de mi niñez que me quedaba.

Después de una infancia terrible, llegaba una adolescencia muy difícil.

Visitas carcelarias, obligadas concentraciones falangistas, trabajo, estudios y al cuidado de mi hermana pequeña, fueron entre otras mis principales obligaciones.

Era la lucha diaria por la vida.

INICIOS

Rendido Madrid y antes de que fuera ocupada por las tropas victoriosas, sus calles adquirieron un tono de fiesta. En los balcones, se colgaron banderas rojigualdas y colgaduras con símbolos religiosos para recibir a las tropas franquistas. Se veían circulando coches repletos de gente asomados a las ventanillas y montados en los estribos vitoreando a Franco y a sus fuerzas. Mientras, en las aceras, grupos aislados de personas les saludaban con el brazo en alto al tiempo que gritaban consignas falangistas. Acto de levantar el brazo del que mi padre ya nos había inculcado el miedo que de no ejecutarlo podría traer consecuencias graves a la familia.

Mientras tanto en los días que siguieron, circuló entre su población el rumor de que para celebrar la victoria habría un gran desfile de las tropas vencedoras en el Paseo de la Castellana y de las represalias que se tomarían contra los que pasaron la guerra en zona republicana.

A los pocos días del comienzo de la posguerra empezamos a sufrir las consecuencias. El hermano del inquilino del piso que ocupábamos, nos hizo una visita. Nos informó que de acuerdo con la orden que había dictado el nuevo régimen, los evacuados que habitaban las casas durante el conflicto, disponían de una semana de plazo para abandonarlas y volver a ser ocupadas nuevamente por sus antiguos propietarios. Después solicitó revisar la vivienda y al ver que se había respetado y conservado, sin más comentarios se despidió.

Se nos presentaba un grave problema ante la imposibilidad de volver a habitar nuevamente la casa de la Carretera de Extremadura. En aquellos momentos, el alojamiento era una de las mayores preocupaciones en las familias que habían perdido sus viviendas por el conflicto. Su escasez representaba un obstáculo en la movilidad de los habitantes afectados por ese problema.

Transcurrido el plazo impuesto por las ordenanzas abandonamos la vivienda sin más problemas de investigación.

Nuestro nuevo alojamiento, fue en la misma finca. La familia constituida por Felipe y Saturnina cuñados del tío Ángel, y sus cuatro hijos, Ana la madre de ella y Luís el hermano de el, nos acogieron en su casa el tiempo necesario hasta que mis padres encontraran vivienda.

Durante los escasos días que estuvimos conviviendo, aparte del hambre y de las incomodidades ocurrieron dos hechos que se quedaron gravados en mi memoria.

En el primero, fui actor principal y la causa la tuvo un tomate.

¡Sí, un tomate!

Tomate que había conseguido el hermano de Felipe.

Cómo y dónde lo había conseguido, no lo llegué a saber ni me importaba, lo importante es que allí estaba él, con una cara sonriente y su mano derecha en alto mostrándonos aquel fruto colorado incitando las mentes y estómagos de los siete niños que estábamos a su alrededor. Todos junto a el mostrando unos semblantes deseosos de comérsela al tiempo que empujándonos alargábamos los brazos intentando coger el fruto.

Como todos lo queríamos, se le presentó un grave problema. El tomate era pequeño para los chicos que éramos. Intervinieron los adultos, que dudaron entre el sorteo y el reparto proporcional, su decisión fue la primera.

Hicieron unos papelitos y cada uno de los niños pasamos a recoger el nuestro. Cuando lo abrí y ver que me había correspondido, mi alegría fue tan tremenda, que grité ¡el tomate es para mí! Desde entonces mi pensamiento solo se centró en el instante en que le hincaría el diente. La boca se me hacia agua, pero cuando mayor era mi deseo, los adultos cambiaron de opinión y decidieron repartirlo.

Este cambio de parecer me originó una gran decepción y como consecuencia un cabreo monumental y un lloro de rabia por impotencia. En ese instante más grande que mi hambre, fue más mí enfado, lo que motivó que no pasara a recoger mi parte.

En el otro hecho hice de espectador y sus consecuencias pudieron ser trágicas.

Ocurrió en la cocina. En esos momentos estaba ocupada por la abuela Ana, su hija Saturnina, la nieta Isabel y yo. Sentada frente a la mesa de la cocina, la pequeña Isabel estaba comiendo unos trozos de carne que le habían troceado. Uno de los duros trozos no debió de masticarlo bien y al intentar tragarlo, se le atascó en la garganta. Con sus cinco años, no conseguía tragar o expulsar la carne por más esfuerzos que hacía. Con su boca abierta intentaba llevar el aire a sus pulmones pero no lo conseguía. Ante la falta de oxigeno, la piel, labios y lóbulos de las orejas adquirieron un tinte azulado. Se estaba ahogando. En esta situación, la abuela mostrando en su rostro una gran calma, actuó rápidamente. No dudó, ni perdió el tiempo en pedir ayuda. Sujetó la cabeza de la niña con el brazo izquierdo y en la boca abierta de su nieta, metió con gran decisión el dedo índice de la mano derecha hasta la garganta y como si fuera un gancho, extrajo la carne que no la dejaba respirar. En ese mismo momento, la pequeña exhaló un grito ahogado al penetrar el aire en sus pulmones. También casi inmediatamente, el color volvió a sus mejillas, labios y lóbulos, al mismo tiempo que su madre sollozaba de alivio. La abuela Ana acababa de salvar la vida a su nieta. Entre los jadeos de la niña y sollozos de la madre, no se oyó mi suspiro de alivio.

No habían transcurrido diez días de permanencia con esta familia, cuando, mi padre llegó con la noticia de que disponíamos de una vivienda en alquiler en un bajo de la calle de Guillermo de Osma, 13. Vivienda situada por la zona de Legazpi y próxima a su lugar de trabajo.

Posteriormente pudo mi padre acercarse a la Carretera de Extremadura, para recoger parte del mobiliario que aún quedaba de la antigua casa. Entre el mismo se encontraba un cuadro de la Virgen María, que permanecía intacto y respetado por los milicianos que habitaron la casa.

OBLIGACIONES

El edificio donde nos íbamos a alojar en la calle de Guillermo de Osma nº 13, correspondía a un núcleo de viviendas sociales construidas en el año 1928, bajo el mandato del general Primo de Rivera. Dicho núcleo estaba ubicado en una superficie triangular a la que llamaban el Pico del Pañuelo, cuyo contorno lo limitan la calle de Guillermo de Osma y los paseos de la Chopera y las Delicias.

Estaba situado en la zona de Legazpi y próximo a los antiguos Matadero y Mercado de Frutas y Verduras, entonces extrarradio de la zona sur.

La casa tenía portería y una portera de mediana edad llamada Julia. Su físico era delgado, de carácter seco y agrio sobre todo con los niños. Además era fea. Yo creo que este era el motivo de que fuera soltera y tan gruñona. También podía ser por el comportamiento de los numerosos niños que vivían en la finca y de los problemas que algunas veces le causábamos. O por ambas causas. Era de Extremadura y siempre vestía de negro y con el pelo recogido en un moño. Con ella vivía su hermana Pili, de facciones más agraciadas y carácter totalmente opuesto.

Nuestra vivienda era exterior y en régimen de alquiler. Correspondía al número uno de la planta baja. Su superficie de 45 metros cuadrados disponía de cocina con hogar de carbón, pila con agua corriente, comedor, retrete y dos habitaciones.

El aseo de nuestro cuerpo lo llevabamos a efecto en la cocina. De lunes a sábados, nos lavábamos cara, cabeza y manos en la pila y los pies en una palangana. Los domingos por la mañana, mi madre en un enorme barreño de zinc que descansaba sobre el embaldosado de la cocina, ponía agua caliente, en el, nos obligaba a asearnos todo el cuerpo con la recomendación maternal de que nos lavaramos bien las orejas. El jabón era de fabricación propia. Se empleaba lo mismo para lavar el cuerpo que la ropa sucia, suelo o platos.

La habitación donde dormíamos los dos hermanos solo permitía una cama de 90, una vieja máquina de coser Singer y una silla. Como no teníamos ropa de dormir, nos acostábamos con la camisa que llevabamos durante el día. La hermana dormía en una cama plegable en el comedor.

La cocina con la puerta cerrada era la habitación más importante en el invierno y durante el verano el comedor y mi habitación, servían de sala de estar, de costura o estudios.

El fogón de la cocina, era alimentado con las bolas de carbón que íba a comprar a la calle Peñuelas, desplazamiento largo y costoso que tenía que efectuar, por ser más barato que el carbón de antracita y piedra. Aún recuerdo cuando sin resuello, entraba en casa después de andar el largo trayecto con el cubo lleno, aún descansando varias veces y de los contínuos cambios de mano, que me hacían inclinar el cuerpo hacia la derecha o la izquierda, según la mano que lo llevaba. Cuando no las conseguía o no disponíamos de dinero, estaba obligado a recoger los restos del carbón desechado de las locomotoras en las vías del ferrocarril próximas a la estación de las Delicias. A veces otras personas con las mismas necesidades se me habían adelantado.

En invierno en la calle me tocaba encender el brasero con carbón de encina y cuidarlo dándole aire con un cartón para que no se apagara. Era la única calefacción que utilizaban las familias pobres bajo la mesa camilla para combatir el frío.

Los veranos por las noches, eran los mejores y más felices para los niños. Las madres buscando el aire de la calle sacaban banquetas o sillas y formando corro frente al portal charlaban hasta que llegaba la hora de irse a dormir. Tiempo que aprovechábamos los chicos y chicas con plena libertad para jugar por la acera y una carretera sin tránsito.

En esta estación las ventanas de las casas permanecían abiertas la mayor parte del día sobre todo en los anocheceres. En la habitación donde yo dormía en cierta ocasión un "gracioso" lanzó un reptil parecido a una víbora encima de nuestra cama. El susto fue tremendo y nuestro temor también hasta que averiguamos que era una culebra muerta.

En aquellos tiempos, con once años había pasado una evacuación, hambre, miedo, visto cadáveres de personas asesinadas y que no era precisamente la cigüeña quién me había traído al mundo. A esa edad, ya había perdido parte de mi niñez y a seguir el mismo camino el resto.

Mientras mi padre trabajaba 14 horas diarias o más, mi madre, después de hacer las comidas, lavar la ropa a mano para cinco personas dedicaba el resto de su tiempo a la costura sobre todo a remendar calcetines. A mí, por ser el primogénito, me tocó ser el chico de los recados y aprender a realizar trabajos diversos.

En aquellos momentos, la situación nos obligaba a ser autosuficientes en lo posible. Si se desconocía un trabajo, procurábamos aprenderlo y así bastarnos por nuestros propios medios para aliviar nuestra escasa economía.

Mi tiempo lo tenía bien ocupado durante la semana. Entre mis múltiples obligaciones, estaba recoger las sobras de los alimentos que por la puerta de servicio y a escondidas, nos facilitaba tía Emilia, hermana pequeña de mi madre. Trabajaba de cocinera en una casa de postín, cuyos dueños los señores de Monjardín eran afectos al régimen de Franco. Parte de esa comida se la llevaba a su hermano Juan a la cárcel y el resto para mi casa. Mi tía me rogaba una y otra vez, que si en alguna de mis visitas me preguntaban si teníamos parientes en la cárcel les dijera que no, porque en caso contrario la despedirían.

También cuidaba en la calle la ropa tendida por mi madre para que no se la llevaran y de una gallina que convivió con nosotros mientras fue productora. El animal tenía su gallinero en la cocina, bajo la pila. Diariamente la sacaba al descampado que había frente a nuestra casa. Para que no se escapara o la robaran, le ataba una larga cuerda a una de sus patas y el otro extremo lo sujetaba unas veces con la mano y otras me lo fijaba al pie.

Buscaba materiales para vallar un trozo de terreno, que mi padre, siguiendo el ejemplo de otras familias, había acotado para ser utilizado como huerta en un descampado frente a nuestra casa.

Vallado el terreno y durante un mes, los domingos trabajé con mi padre en la construcción de un pozo para el riego de la futura huerta. Mientras él cavaba profundizando, yo por medio de una garrucha, sacaba los cubos de tierra. En los comienzos del pozo, la tierra era arcillosa por lo que se mantenían las paredes, pero a los dos metros y medio empezó a ser arenosa y a manar agua, por lo cual, para sujetar la arena, mi padre se sirvió de un bidón de los de petróleo, sin fondos, con el que fue profundizando a medida que iba cavando. Cuando estuvo construido el pozo vino la siembra. Las semillas para crear los semilleros se compraban en la calle de la Colegiata. Durante la semana me tocaba regar, y los domingos trasplantábamos. Según la temporada, recogíamos acelgas, ajos, cebollas, repollos, judías verdes, tomates, calabacines y lechugas. Las cosechas eran para consumo propio, con lo que conseguíamos aliviar nuestros estómagos y escasos recursos.

No tuve más remedio que adquirir los conocimientos para arreglar nuestros zapatos. Aprendí a hacer un cabo con el cáñamo, pez y cera, utilizar la lezna y las agujas para coser a doble cabo unas medias suelas, pegar unos "philis" clavar unos tacones y manejar chaira y lima para eliminar los sobrantes. Fijar unas herraduras en punteras y tacones para preservar el calzado. Los materiales utilizados los compraba mi padre en el Rastro los domingos por la mañana. También aprendí a reparar con laña y estaño los agujereados cacharros de porcelana de la cocina.

La vida seguía y mis obligaciones aumentaban. Durante este tiempo, creció la familia con el nacimiento de Mercedes mi hermana pequeña, de la cual fui su "canguro". A los doce años, tuve que arrimar más el hombro, ya que mi padre se había encargado de buscarme un trabajo, hecho que me notificó por la noche. Al día siguiente, nos reunimos con el panzudo y tranquilo matrimonio de mediana edad con el que iba a trabajar. Eran asentadores que comerciaban con frutas y verduras al por menor. Vendían por kilos el género comprado por sacos o banastas a los mayoristas de la planta baja del Mercado de Frutas y Verduras. A esta clase de asentadores los llamaban los "kileros". Sus puestos de venta, estaban situados en el piso de arriba del Mercado. Mi jornada de trabajo ocupaba las primeras horas de la mañana, lo que me permitía estudiar. Mi ocupación consistía en levantarme a las cinco de la mañana, para estar a las seis en la puerta del mercado. Allí, alineado con otros "kileros" y fruteros, se establecía una carrera de velocidad por el patio y en pugna con ellos, tenía que sentarme sobre el saco o banasta del género que necesitaban mis jefes. Al principio por mi ignorancia en la tarea que debía desarrollar así como el desconocimiento de los puestos de venta y los embalajes, me presentaron como "profesor" a su sobrino, joven atleta de unos veintitantos años que me doblaba en estatura, el cual me marcaría la pauta a seguir. Llegados al puesto del género deseado y según sus instrucciones, me tenía que sentar y defender el bulto elegido ante otros competidores. Mi asentamiento era la señal de que aquel bulto tenía ya comprador. Tuve mis rifirrafes con los adultos por ser un niño. El trabajo que realizábamos estaba prohibido, porque la entrada a las personas no autorizadas estaba establecida a las siete de la mañana. La infracción al que cogían, era el pago de una multa económica. Nunca me pusieron una multa y nunca logré saber el salario que me pagaban, ya que mi padre se encargaba de cobrarlo.

Afortunadamente no estuve mucho tiempo.

ESTUDIOS

Mis comienzos escolares en este barrio fueron en la misma calle donde vivíamos, con D. Eusebio, apodado el "Tío Pelotillas" porque se hurgaba la nariz y luego hacía bolitas. Al mes justo, mis padres me cambiaron al Colegio Academia Hernández en el Paseo de las Delicias, donde permanecí unos escasos meses.

El Colegio Academia era mixto, y durante el tiempo que permanecí en el, tuve varios profesores. Estos no eran tan severos como D. Julio el director.

Recuerdo que durante las clases de escritura, el aula permanecía tan en silencio, que solo se oía el rascar de las plumas. A veces ese silencio, era roto por el profesor cuando nos daba un palmetazo sobre los nudillos, con la observación de que los dedos tuvieran la posición correcta al escribir.

En los dictados, los errores cometidos, nos los hacían copiar correctamente varias veces. Las lecciones que nos ponían de tarea para llevarlas aprendidas, se explicaban en fila y en orden al puesto ganado en cada clase.

En los estudios ponía toda mi fuerza de voluntad. No debía ser mal dibujante, siempre me ponían como ejemplo enseñando mis obras a los padres de los futuros alumnos.

Siempre he procurado no dejarme avasallar, por esta circunstancia para dirimir diferencias me pegué frente a la puerta del colegio con Vicente, un alumno mayor que yo. La pelea se desarrolló con un solo pegador. Mis golpes debieron afectar a algún alumno del corrillo que presenciaba la pelea, el cual subió a avisar a D. Lorenzo. Cuando bajó y sin ningún tipo de explicación o intento de averiguar el motivo de la pelea, me obligó a subir a clase castigado. Hecho que me pareció injusto. La tardanza en llegar a casa, intranquilizó a mi madre, lo que la obligó a venir a buscarme.

Sin embargo en otras ocasiones sabía cuando no me había comportado correctamente.

En nuestra aula los pupitres estaban deteriorados, y junto a ellos, estaba el banco de carpintero donde se realizaban los trabajos de reparación.

Uno de los días nos pusimos en fila para dar la lección, con el banco de trabajo paralelo a nuestras espaldas. Los que coincidimos en la fila con el banco, solicitamos al profesor poder sentarnos allí, a lo cual accedió. Después de que algunos alumnos dieran su lección, le correspondió al compañero sentado a mi derecha. Este se levantó para contestar a las preguntas y una vez hubo finalizado su exposición, echó sus dos manos hacia atrás y apoyándolas en el banco se impulsó para sentarse nuevamente. En ese instante mi sentido común desapareció. Tuve una intención maquiavélica, cogí un clavo y se lo puse de punta. El contacto de su carne con el clavo le hizo gritar fuertemente. Al instante todos los alumnos, alarmados, volvieron sus cabezas hacia el y luego expectantes esperaron la reacción del profesor. D. Lorenzo muy suavemente me preguntó por qué lo había hecho. No supe que contestarle sobre el acto que había cometido.

El profesor puesto en pie, me llamó a su mesa. Sabiendo lo que me esperaba, me acerqué muy despacio y con el recelo sobre el castigo que me iba a aplicar, me paré alejado. El parecía tranquilo, pero su cara y sus ojos reflejaban el enfado. Me pidió que me acercara hasta el borde de la mesa y una vez lo hice, mirándome fijamente me soltó una bofetada.

Fue un castigo merecido. No le guardo rencor.

Posteriormente con doce años ingresé en la Escuela de Orientación Profesional sita en la calle de Embajadores, escuela gratuita donde se aprendían los oficios en las especialidades de mecánica, electricidad, carpintería y cerrajería. Yo elegí electricidad.

En esta escuela, durante un largo tiempo, el régimen franquista nos obligaba los domingos por la mañana, a presentarnos en su patio, donde primero se celebraba una misa y luego una charla sobre la Falange. En ambos actos debíamos mantener una correcta formación al estilo militar. Durante las charlas no se podía replicar y cuando se hacía y no les gustaba a los mandos, al objetante le sacaban de la fila y le ponían firme ante el resto de la formación. Como si fuera una degradación militar, recibía como castigo el corte de pelo parcial delante del colectivo. Otros festivos, nos reunían en la Plaza de la Independencia para hacer la instrucción. Al final de estas concentraciones, siempre acabamos en perfecta formación militar con los brazos en alto cantando el "Cara al sol."

El desplazamiento a la escuela, lo hacíamos a pie por no haber transporte público.

Junto con dos amigos de la barriada, Hilario y Enrique, iniciábamos la marcha por la calle de Embajadores y cuando surgía la ocasión, nos subíamos a la trasera de las camionetas con gasógeno y en la glorieta de Embajadores nos tirábamos en marcha.

En muy contadas ocasiones hacíamos novillos. Cuando los hacíamos, los tres conjuntamente con Eustaquio, inductor de la idea y que disponía de dinero, nos acercábamos a la plaza de Vista Alegre a torear vaquillas. Yo no bajaba al ruedo. Eustaquio, hijo de estanquero, además nos daba cigarrillos, que yo no me fumaba con el pretexto de hacerlo después de las comidas o cenas. Más tarde, se los entregaba a mi padre, fumador empedernido. Posteriormente ya con edad para fumar, el tabaco que me correspondía por la cartilla, también el lo quemaba. Además aprovechaba sus colillas depurándolas y consumía las hojas de la patata, que una vez secas y troceadas también convertía en humo. Más tarde cuando mi hermano tuvo edad para la cartilla de tabaco, el racionamiento correspondiente también se lo fumaba.

Recuerdo cuando me sentaba frente a la mesa de cocina o del comedor, según la estación del año, para hacer los deberes y aprender las lecciones. De mis hermanos no recuerdo estos hechos. Yo creo que éramos de pensamientos diferentes, teníamos pocas cosas en común. Aunque vivíamos bajo el mismo techo, por la diferencia de edad y mis tareas parecíamos extraños No comíamos juntos, excepto los domingos a mediodía cuando mi madre hacia paella.

La vida seguía y a los catorce años comencé mi vida laboral como aprendiz en una gran empresa de telefonía, Standard Eléctrica S. A., con sede en la calle de Ramírez de Prado.

En ese instante lo de menos era la categoría, lo más importante era la admisión y la había conseguido.

En aquella época había comprendido que para salir de la pobreza, era necesario volcarse en los estudios. Uno debía trabajar y sacrificarse al máximo para alcanzar la recompensa a través de ellos. En la empresa podría lograrlo.

El resto de mi vida de la posguerra es capítulo aparte.

JUEGOS

Cierro mis ojos y me situó en los duros años de la posguerra, en la que los niños carecíamos de todo. En ese ambiente me crié.

Durante el tiempo libre practicábamos toda clase de juegos conocidos como el peón, canicas, bote, cromos, cartas, güitos, tabas, toña y otros juegos que se creaban con muchas dosis de imaginación. En la parte cóncava de las chapas de las botellas les pegábamos las cabezas de los deportistas preferidos del fútbol y ciclismo y formando equipos celebrábamos sobre el suelo grandes partidos de fútbol y carreras ciclistas.

Pero la práctica del fútbol era nuestro pasatiempo favorito.

En esa época, era el deporte de masas por excelencia. Las competiciones oficiales, se dividían en nacionales y regionales, y para pertenecer a esos equipos era necesario tener cumplidos los dieciocho años. En esa época en el fútbol no existían equipos de benjamines, alevines e infantiles. No había ningún tipo de subvención para material deportivo ni escuelas de fútbol base, nuestra escuela era aprender con la práctica. Las aceras, descampados y carreteras eran nuestros lugares de enfrentamiento. El fútbol, era el santo y seña de nuestros juegos. Los partidos, surgían en el tiempo que se tardaba en reunir los suficientes chicos para formar los equipos, sin importar el número de ellos. Los encuentros, se disputaban con pelotas de papel y trapo, en cuya confección había verdaderos maestros.

Cuando nos entraba el ansia de jugar con pelota de goma, nos aventurábamos por los descampados denominados "la China" junto a la plaza de Legazpi y a la salida del colector de aguas fecales que desembocaba en el rió Manzanares, esperábamos pacientemente que saliera alguna. A veces nos sonreía la suerte y "pescábamos" alguna de las que se colaban por alguna alcantarilla. Otras veces impacientes por conseguirlas, nos metíamos en el interior del colector aguantando el olor y la presencia de las ratas, -que a veces se nos enfrentaban- por si había alguna detenida.

Pero nuestra máxima ilusión era jugar con balón. Era algo especial y por fin lo íbamos a conseguir. Uno de los chicos Manolo "El Bicicleta", nos sorprendió con la noticia de que disponía de una badana de balón, pero que no tenía el complemento interior. Dio la casualidad, de que yo si disponía de una goma de las llamadas de cantimplora. Puestos de acuerdo, quedamos a la tarde del día siguiente, para hinchar el balón y jugar un partido.

Llegó la tarde esperada y nos acercamos a la gasolinera-garaje Imperio, en la plaza de Legazpi y una vez hinchado el balón, volvimos al barrio.

Cuando llegamos al lugar elegido para la celebración del partido, la plazoleta de San Daniel, había más chicos de los previstos. Se había corrido la voz de nuestro milagro.

Con toda ilusión formamos dos equipos y uno de nosotros, dio hacia lo alto una patada al balón. Cuando bajó e impactó contra el suelo, la badana se rompió y la goma sin romperse salió por el roto, con un tamaño similar a lo que quedaba de la badana.

Adiós a nuestras ilusiones, el desencanto y la tristeza quedó reflejado en todos los rostros al abandonar el lugar del encuentro cabizbajos y en silencio para regresar a nuestras calles.

En esa época seguía mi entusiasmo por el fútbol, lo cual me engendró la inquietud de ampliar horizontes y establecer nuevos retos. Limitarme a jugar entre nosotros ya no era suficiente. Tenía una necesidad más persistente de ir más allá de nuestros partidos callejeros. Afortunadamente, la forma de vencer los problemas y dificultades, se solventó al brindarse el chico de mayor edad, Pedro "El Manco", a concertar partidos con equipos de otras barriadas. Estos partidos los celebrábamos sin equipo reglamentario, la única prenda común obligada entre nosotros era la camisa, lo más clara posible.

CONSECUENCIAS FAMILIARES

Desde los comienzos de la posguerra nuevamente corrieron los días de ansiedad, preocupación y miedo. No hubo piedad para los vencidos. El terror y el horror se apoderaron de los derrotados. Unos cayeron ante los pelotones de ejecución, otros tuvieron que salir exiliados y los que se quedaron la mayoría recluidos en cárceles y campos de concentración y en espera de una revisión sobre sus actuaciones en el conflicto.

Como toda mi familia participó con las tropas leales al Gobierno, todos con suertes dispares, sufrieron las represalias. No tardaron en llegar las malas noticias

Un primo carnal de mi madre, por ser capitán del ejército, fue fusilado en la cárcel de Torrijos en Madrid. El tío Lorenzo, hermano de mi madre, con la graduación de teniente, apareció en Barcelona recluido en un campo de concentración. Los tíos Ángel, Agustín y Doroteo cuñados de mi madre, hechos prisioneros caminaban en la misma columna de presos hacia el campo de concentración. Juntos avanzaban por un sendero del monte Abantos en el Escorial. Durante el trayecto, Doroteo una y otra vez se lamentaba de la situación en que quedaban su esposa y sus cuatro hijos.

"El tío Agustín, transcurridos muchos años, me contó la fuga que le sugirió para que se escapara".

Como conocedores del terreno por haberlo transitado muchas veces le expuso un plan muy sencillo. Como la fuerza que los vigilaba era muy escasa, seria factible terminar felizmente la evasión. Ambos debían ponerse al final de la columna y esperar a coronar una cima próxima y antes de comenzar a bajar la pendiente, el llamaría la atención del soldado vigilante ofreciéndole tabaco, momento que debía aprovechar él para esconderse tras unas grandes piedras próximas. Debía simular estar haciendo de vientre por si fracasaba el intento de fuga y esperar un tiempo prudencial para huir.

Doroteo con miedo e ilusión, aceptó la idea. Llegado ese instante, se escondió tras unas grandes rocas y esperó en esa situación con inquietud y nerviosismo a que se alejara la cuerda de prisioneros. La fuga se realizó con éxito.

La prima Marina y Carmelo su esposo fueron encarcelados por pertenecer al Partido Comunista, y después de un juicio sumarísimo se salvaron de la muerte. Marina estuvo encarcelada hasta el año 1945 y Carmelo se escapó con otros dos compañeros, permaneciendo escondido hasta la muerte del General Franco.

Caso aparte es el del tío Juan, hermano pequeño de mi madre, que necesita un capitulo no solo por los primeros momentos de la posguerra sino también ya en la democracia.

TIO JUAN

Un dicho popular es que, reír mucho en viernes, trae mala suerte. No se si será verdad, pero fue en ese día de la semana por la tarde, cuando el tío Juan en los primeros días de la posguerra estuvo de visita en nuestra nueva vivienda. Parte del tiempo lo dedicamos a jugar al parchís y ya cansados pasamos al juego de "calentar las manos". Este juego lo ejecutan dos personas y consiste en apoyar sobre las palmas de uno las del otro y el primero intentar dar en el dorso de la mano a su oponente. Yo, por más que intentaba retirar mi mano, siempre me daba y cuando me correspondía darle no lo conseguía. Esto me originaba un enfado continuo por mi falta de reflejos, y a él una constante carcajada. Al día siguiente lo detuvieron e ingresaron en la cárcel de Porlier. Le acusaron de ser miembro del Partido Comunista y de un suceso criminal ocurrido en un pueblo de la Sierra de Guadarrama, hecho que se imputaba al Batallón Alpino, unidad táctica de tropa a la que perteneció como sargento durante la guerra.

En aquellos primeros momentos el decir de la gente era que caer preso significaba muerte.

A partir de entonces como los únicos parientes residentes en Madrid éramos nosotros, mi padre se encargó de buscar un abogado y me responsabilizó de visitarle dos veces por semana en ese centro penitenciario.

En los primeros días de su detención, mi padre localizó y confió su defensa al servicio de un abogado, que además dijo ser falangista, lo que parecía ser positivo. A esta persona, hubo que aportarle regularmente cantidades de dinero que fueron conseguidas a costa de muchos sacrificios familiares.

Transcurridos unos meses se celebró un juicio sumarísimo y mi tío fue condenado a muerte.

Automáticamente fue trasladado a la galería de los condenados, donde sus moradores vivían bajo la constante obsesión del último amanecer.

La pena capital impuesta agitaron los sentimientos familiares, especialmente en Melitona su madre y Esperanza su esposa. Ante esta condena era necesario apelar urgentemente la sentencia.

Rápidamente mi padre se puso en contacto con el abogado buscando información y descubrió, que no tenía título. Resultó ser un impostor que se dedicaba a estafar a la gente. La indignación, la cólera y el cabreo en la familia fueron tremendos. No solo había provocado con su falsedad que le condenaran a muerte, sino que este vil y ruin sujeto, había estafado los precarios recursos económicos familiares. En aquellos momentos mis deseos de venganza eran tan grandes, que sembraron mi cabeza de malos pensamientos.

Para recurrir la sentencia, mi padre tuvo que localizar urgentemente un nuevo abogado.

Durante el tiempo de búsqueda del verdadero abogado, mi tío, que era poco dado a exteriorizar sus sentimientos y acciones conmigo por ser un niño, rompió esa norma en una de mis visitas.

Me relató que las mañanas de las vísperas de los fusilamientos, una vez alineados en el patio, desde una galería se leía en voz alta la relación de presos que se iban a ejecutar al día siguiente. En casos aislados se le notificaba a la victima personalmente en un despacho por las tardes.

Una de esas tardes mi tío recibió el aviso de que se personara en un determinado despacho. Convencido de su inminente ejecución y después de recibir las condolencias del resto de los sentenciados se dirigió al lugar indicado.

Cuando llegó, su primera sorpresa fue ver a su "abogado". La segunda es que estaba solo. Pero la más sorprendente fue la tercera. ¡Le había llamado para pedirle tabaco!

Me confesó que en ese instante, totalmente desconcertado, no sabía si reír, llorar o matarle y que afortunadamente se contuvo, no por falta de ganas, limitándose únicamente a dirigirle una mirada asesina y silenciosamente se dio media vuelta regresando a la galería. Cuando contó el suceso no solo recibió los parabienes también fue motivo de toda clase de comentarios y calificativos agresivos hacia el causante. Posteriormente mi tío me informó que dicho sujeto estaba detenido por robo y estafa.

Todavía hoy me sorprende el poder de persuasión, la desvergüenza y el atrevimiento de aquel individuo, así como la libertad de movimientos que tenía en el centro penitenciario.

Días después, mi padre consiguió los servicios de un verdadero abogado, que apeló y consiguió que en el nuevo juicio le conmutaran la pena de muerte por una condena de treinta años y un día.

Durante mis visitas a la cárcel de Porlier se me quedaron grabadas en la memoria, los grupos de familias que esperaban a la puerta del centro penitenciario para visitar a sus allegados. Predominaban las mujeres sobre los hombres de cabello blanco y los chiquillos. Los rostros reflejaban la inseguridad de no saber si sus allegados seguían vivos. Como yo, estas personas pasivas y sumisas, disponían de un paquete para entregar al familiar detenido. Paquetes que, posteriormente eran revisados y requisados los objetos que no estaban permitidos y censurados los escritos que se introducían.

A veces, a algunas de las personas no les era permitida la entrada. El significado era desolador para ellos: ¡Sus allegados habían sido ejecutados!

Entonces el mundo se les caía encima. En sus caras se reflejaba el dolor y la desesperación, a los que se añadían lamentos y sollozos, que luego quedaban atrás y desaparecían con las voces que se cruzaban cuando penetrábamos en el locutorio. Durante las visitas el locutorio siempre estaba en penumbra y parecía una jaula de grillos o de locos. Todos gritando. Se entremezclaban las conversaciones por lo que costaba trabajo entenderse. Era difícil enterarse de algo concreto. Más tarde sin previo aviso en este guirigay, las palmas de un funcionario sonaban varias veces dando la señal de que la visita había terminado.

A la salida recogía su paquete de ropa sucia que, cuando llegaba a casa, mi madre se limitaba a colocar en un barreño de zinc y sobre el echaba varios pucheros de agua hirviendo. El resultado final era evidente, montañas de piojos flotaban muertos en el agua.

Esta operación se realizaba dos veces por semana, hasta que le trasladaron a la cárcel de Alcalá de Henares.

Entonces acabaron mis visitas, pero no las noticias sobre el, ya que en todo momento estuve enterado de su vida.

Sus hechos para mi eran una continua sorpresa, y bien podían servir como guión para una película.

No transcurrieron muchos meses cuando se escapó de la cárcel de Alcalá con otros dos compañeros de reclusión.

Desde la galería donde convivían saltaron al tejado de la casa del director y después descolgándose penetraron en ella. Una vez dentro se encontraron con una señora a la que obligaron a permanecer en silencio, tiempo que aprovechó mi tío para apropiarse de una pistola que guardaba el director en uno de los cajones del despacho. Después de amordazarla e inmovilizarla salieron por la puerta de entrada de la vivienda sin ningún impedimento y a continuación del centro penitenciario.

Subiendo al cerro del Gurugú sonó la alarma de fuga lo que originó que desde el cuartel de caballería próximo al centro penitenciario se enviara una patrulla a caballo en su persecución.

Mientras los perseguidores se acercaban tuvieron el tiempo suficiente para llegar a la cima y esconderse tras de unas grandes rocas que les permitieron pasar desapercibidos de la patrulla. En aquellos emocionantes momentos solo la suerte les permitió contar la huida.

Era un día de viento y próximos a ellos había un gran rebaño de ovejas al cuidado de un pastor y un gran perro. En el momento de pasar la patrulla, el pastor y el perro no habían detectado con anterioridad la presencia de extraños debido a que el aire iba contra los escapados. Transcurrido un tiempo de espera andando se dirigieron a Madrid. En uno de los descansos surgieron divergencias entre mi tío y uno de ellos. Mi tío, organizador de la escapada y poseedor de la pistola, le amenazó con separarse y conjuntamente con el otro entraron en Madrid donde tomaron caminos distintos.

Como su contacto familiar en la capital siempre habían sido mis padres, a ellos les notificó la fuga y la necesidad de buscar un refugio. Mi padre sin dudarlo puso en antecedentes a su hermano Ángel y pasó los primeros días encerrado en una carbonería próxima a la Glorieta de López de Hoyos. Tres días después, cansado y aburrido de su soledad, cuando llegó la noche salió a pasear por la calle de Velázquez donde se encontró con su compañero de fuga. Después de unos momentos de charla se volvieron a despedir. Muy inquieto por su situación y sobre todo por los que le estaban ayudando, decidió marcharse a Almería donde le daría refugio otro amigo también miembro del partido comunista español. El día de la marcha se dirigió a la empresa de autobuses con tan mala fortuna de encontrarse en el despacho de billetes con el falso abogado.

Este encuentro originó momentos de tensión, que desembocaron con la amenaza de mi tío de que disponía de una pistola y que en caso de denunciarle le pegaría un tiro. Amenaza que surtió efecto toda vez que, compró el billete sin ningún problema ni en ese instante ni posteriormente. El estafador debía tener grandes problemas con las autoridades para no denunciarle.

El viaje hacia la capital de Almería lo realizó sin ningún inconveniente, pero cuando contactó con su amigo, éste le notificó que le daría cobijo por esa noche, pero que al día siguiente se tenía que marchar porque la policía estaba detrás de él. Mi tío ante esta situación, al día siguiente por la mañana temprano salió a realizar la gestión de cobijo y quedando en que, una vez conseguido volvería a despedirse. Cuando regresaba a casa del compañero al aproximarse al portal, se encontró que el amigo salía esposado y escoltado por lo policía. Tuvo suerte en esos momentos.

Después de estos hechos me enteré que se había trasladado a Valladolid con su hermana pequeña Emilia y su esposo y que ambos trabajaban como fontaneros. Más tarde se trasladaron a Asturias.

Posteriormente se separaron ambas familias y con Esperanza se trasladó al pueblo de Dos Hermanas en Sevilla donde felizmente pasó de incógnito con su esposa y sus dos hijas.

Pasaron muchos años y ya en la democracia, se establecieron oficialmente pensiones para todos los excombatientes del bando republicano que estuvieran reconocidos en el Boletín Oficial del Estado.

El, como sargento durante el conflicto, tenía derecho a la pensión. Su reclamación personal no surtió efecto y entonces la delegó en un abogado sevillano con el mismo resultado. El motivo de no dársela era debido a que su nombramiento no estaba registrado en el Boletín Oficial del Estado.

Lo único que sacó en claro del abogado era que, para conseguir la pensión se necesitaba la presentación de un aval firmado por dos personas que justificaran ante notario dicha graduación. Por esta circunstancia y al no poder hacer nada más prescindió de los servicios del abogado.

Entonces me llamó a Madrid solicitando mi ayuda. Como primer intento me pidió que hiciera una serie de gestiones en archivos, entre los cuales estaba el de Salamanca, acciones que lleve a efecto con escritos sin conseguir ningún tipo de resultado positivo.

El segundo intento fue averiguar dónde se reunían en Madrid los miembros del Batallón Alpino. La investigación me obligó a hacer gestiones en los sindicatos UGT y CC.OO. y de ellos conseguí la información del día, mes y hora de la reunión en un bar restaurante de la calle Preciados.

El día que me acerqué al lugar indicado, me encontré con que ya no lo frecuentaban, pero me informaron de que se habían trasladado a otro en la misma calle, pero que no sabían cual. Esto me obligó a recorrer todos los bares hasta encontrarles.

En el bar donde se reunían no se veía ningún grupo de personas en su planta baja lo que me obligó a subir a la planta superior donde logré contactar con ellos.

Hice mi presentación a los primeros comensales del grupo y los motivos por los que iba. Martín, uno de los oyentes, cuando dije el nombre de mi tío con gran alegría soltó la exclamación ¡Es amigo mío!

Después de interesarse por su vida confesó a los asistentes que la graduación era correcta y se mostró dispuesto a ratificarlo ante un notario. Conjuntamente con el se sumó otro de los asistentes que había sido teniente. Posteriormente los avalistas y avalado se presentaron ante el notario a firmar el documento con el que consiguió la pensión.

EL OTRO ESPACIO

I

Desde que el ser humano adquirió conciencia solo se limitó a comprobar lo más trascendente: el origen, el sentido y el fin de la vida.

Sin embargo en nuestra vida, suceden acontecimientos que pasan inadvertidos para la mayoría de las personas, excepto para aquellas que son victimas o protagonistas de los mismos. Entonces serán contados en una reunión familiar o de amigos, quiénes los oyen, no los creerán y seguirán pensando que en el mundo no pasan más que las cosas ordinarias de todos los días. Pero hay uno muy trascendental: El destino de las personas después de la muerte.

Cuando el ser humano se concienció de que la vida y la muerte van unidas, mostró interés en comprobar si hay vida después de la muerte.

Tenemos que ser conscientes, que esta posible causa aún sin desvelar, ya está en la mente de muchos hombres y mujeres que se hacen multitud de preguntas.

¿Por qué estamos aquí? ¿Qué hay después de la muerte? ¿Adonde vamos? ¿Perecemos para siempre o nos espera otra vida?

Aún no se ha obtenido la respuesta a estas interrogantes.

Sin embargo desde tiempos remotos hay personas que vienen percibiendo sucesos extraños, hechos inexplicables que les llevan a sospechar que hay un mundo espiritual, un mundo invisible.

Es incomprensible que, las personas pretendan negar todo aquello que se sale de lo conocido o explicable. Por todas partes estamos rodeados de misterios, y creo que habrá pocas personas a las que no les haya ocurrido a lo largo de su vida, algo que carezca de una explicación lógica. Pero los hechos están ahí.

¿Existe una energía, llamémosla espiritual que escapa a nuestra percepción, o esta es fruto de la imaginación de aquellas personas que si lo perciben? ¿Es esa energía espiritual la que provoca esos hechos inexplicables que algunos hemos tenido en nuestra vida?

Sobre esta cuestión existen dos formas de pensar. Mientras unos opinan que nuestra vida no se desarrolla solo en la Tierra, otros están en contra de ese pensamiento. Este tema ha estado y estará siempre sujeto a una gran controversia, por lo que el respeto hacia ambas posiciones ha de imperar por encima de las certezas de las que muchas veces nos hacemos valedores.

Mi experiencia personal me orienta a una conclusión, quizá precipitada: la mezcla de lo real y lo irreal, de lo tangible e imperceptible en el mundo que conocemos y en el que vivimos. En nuestro mundo visible, ocurren hechos materiales que nuestros sentidos si perciben, pero no los podemos explicar. Son sucesos extraños a los que buscamos explicaciones racionales sin encontrarlas. Con esto no tengo la pretensión de establecer ningún tipo de polémica ni de orientar a los indecisos a tomar una decisión, ni intentar cambiar las convicciones de nadie. Lo único que me motiva, es compartir una serie de hechos inexplicables que vinieron a mezclarse en mi vida al poco tiempo de fallecer mi esposa en el año mil novecientos noventa y nueve.

En este relato no pretendo analizar si hay vida en otro mundo o en otra dimensión, sino solo presentar unas vivencias en las que se mezclan lo imposible con lo real. Hechos vividos por mí que sirven para que el lector pueda decidir sobre unos fenómenos fuera de lo normal.

II

Amaba a Maria con todo mi corazón, pero ella se había ido.

Desde que tuve la certeza de que la perdía, decidí vivir solo y después de su fallecimiento adopté la actitud de volcarme en una serie de actividades que apartaran de mi pensamiento su pérdida. Cuantas más, mejor, porque así al ocuparme de ellas amortiguaba el dolor por su pérdida.

De forma gradual, aunque muy dura, se fue mitigando muy lentamente la tristeza que sentía al revivirla en mi mente. Fue una etapa de lágrimas y melancolía por su pérdida, que tuve que afrontar con firmeza y determinación para seguir viviendo una vida sin compañía.

Sin embargo la soledad es muy dura, es la semilla de la que brotan muchos de los males que atormentan el espíritu de las personas. Para la soledad, no hay edad, ni lugar, ni condición. Procuré no aislarme, hacer productivo todo mi tiempo libre y no acabar en una depresión. Pero las noches de los inviernos son las peores. Son las que paso más tiempo en casa y en las que más acuso no sentir la respiración de mi esposa.

Justo después de cenar en la paz de un ambiente tranquilo es cuando más te hace desear su presencia. En ese momento para no pensar te obliga a ocupar la mente con la lectura, escribir o ver la televisión.

Entonces sentado en el sillón, dejo que mi vista se pasee por la habitación.

A ambos lados de donde me siento hay sendos sillones y próximo al de la derecha, hay una mesita de rincón con un jarrón-lámpara, un portarretrato y un pequeño plato ovalado de porcelana decorado por mi mujer. Junto a ella, hay dos sillones bajo una ventana. Frente a mí, una mesita baja atestada de revistas y libros, me separa de un conjunto de muebles compuesto por dos camas empotradas y dos estanterías que ocupan toda la pared. En la estantería más centrada, descansa una TV que normalmente esta encendida para hacerme compañía. Una alfombra cubre enteramente el suelo de madera y en las paredes de un blanco indescriptible, cuelgan tres dibujos y un óleo. Del techo pende a media altura una lámpara con tulipa de aluminio y en ésta, pegada con cinta celo, cuelga una hoja de papel DIN A4 que impide que la luz me moleste cuando leo o veo la televisión. El mobiliario lo completa una mesita redonda fácil de desplazar, que me sirve para escribir, tomar el aperitivo y a veces para comer o cenar.

Durante la estación invernal una estufa eléctrica distribuye el calor necesario en la vivienda. En los días de mucho frío, por la noche las persianas de las ventanas están bajadas, y las puertas de las habitaciones permanecen cerradas excepto las de la sala de estar y el dormitorio para así concentrar en ellas el máximo de calor.

Una de esas noches, cuando más interesado estaba viendo la televisión, súbitamente sentí sobre mi nuca como si una corriente de aire frío la recorriera. Algo fuera de lo normal me acababa de suceder. Por un instante me quedé sorprendido. Luego la sensación que me había producido me movió a averiguar el origen de aquella corriente.

Primero dirigí la mirada hacia la ventana, tenía las cortinas echadas. No obstante me levanté y las descorrí. La persiana estaba bajada. Después escudriñé mi entorno esperando detectar el motivo. No lo encontré.

"¿Por dónde habrá entrado ese aire?" Me pregunté.

Lleno de curiosidad abandoné la sala de estar y registré habitación por habitación, puerta por puerta y ventana por ventana y no encontré explicación alguna. Para que no me quedara ninguna duda, volví a inspeccionar la vivienda y el misterio seguía sin desvelarse.

Por más vueltas que le daba no encontré explicación.

Este suceso se repitió más veces, independientemente de la hora y estación del año, desde los comienzos del dos mil hasta el dos mil ocho inclusive. Mis investigaciones para encontrar la causa fueron siempre infructuosas.

Pero en mi cabeza cada vez bullían más preguntas:

¿Qué significaba aquello? ¿Era una señal? ¿Era un mensaje? ¿Eran intentos de comunicarse?

Si la vida en la Tierra es comunicación ¿Por qué no puede proceder esta desde el Más Allá? Nunca detecté esa comunicación, y si la enviaron, no me enteré.

Mi reacción ante estos hechos nunca fue de miedo o preocupación, tampoco alteraron mi vida, lo único que desató en mí fue siempre la curiosidad por encontrar la explicación.

Un miércoles de enero del año dos mil nueve, poco antes de la medianoche, estaba leyendo absorto una narración sobre las legiones malditas que desafiaron a Aníbal, cuando percibí algo anormal. Era un movimiento que rompía la tranquilidad de ese momento. ¡La lámpara del techo estaba girando!

Estaba viendo como la lámpara después de hacer un giro de ciento ochenta grados luego invertía el sentido, movimientos que repetía una y otra vez, disminuyendo poco a poco el giro, hasta quedar inmóvil. Durante ese tiempo, mudo y como atado, seguía en el sillón sin reaccionar. Me encontraba como hipnotizado y fascinado por aquel imprevisto que estaba aconteciendo ante mi.

Después me embargó una ola de curiosidad. Me puse en pie, pues lo que había visto me había generado una corriente de inquietud por saber la causa.

Sin dejar de agudizar el oído para escuchar algún sonido raro, recorrí toda la casa y después de investigar minuciosamente, no encontré explicación al suceso. Todo estaba en orden. No veía nada que pudiera ser el origen de aquel movimiento. Además en el piso de arriba no se oían ruidos y el ambiente era tan quieto y silencioso como el de un cementerio. Luego me encaminé a la sala de estar y me detuve junto a la lámpara ya inmóvil, mirándola como un tonto.

Mientras mi mente luchaba por entender lo que había pasado volví a sentarme, y por más que intentaba retomar la lectura, no podía concentrarme pensando en el suceso. Por fin, transcurridos unos minutos, logré prestar atención a la narración.

No habían transcurrido ni diez minutos de renovada lectura cuando la lámpara volvió a girar. Su primer giro volvía a ser aproximadamente de ciento ochenta grados. Me puse en pie con el libro en las manos y como una estatua me quedé viendo como realizaba los mismos movimientos que la vez anterior.

Preocupado por la repetición, nuevamente revisé todo lo que pudiera ser la causa de aquel misterio, y como la vez anterior, no encontré el motivo. Me quedé mirando un buen rato la lámpara, luego me encogí de hombros y me senté nuevamente. Necesitaba tiempo para reflexionar, tranquilizarme y desconectar mi mente de lo que estaba sucediendo. Aquella pesadilla fue desvaneciéndose, pero me dejó un poso de inquietudes.

Por más vueltas que le daba no comprendía como desde que instalé aquella lámpara hacía cincuenta años, no hubiera ocurrido nada extraño y en esos momentos lo insólito del caso era que, en tan escaso espacio de tiempo ocurriera dos veces el mismo e incomprensible suceso.

En esos momentos pensé en el Más Allá y me hice una serie de preguntas:

¿Sería mi esposa? ¿Era alguna señal que me enviaba y se manifestaba de esa forma? ¿Me transmitía un mensaje y no sabía descifrarlo? ¿Podía ser un consejo o advertencia sobre hechos futuros?

Por más preguntas que me hacía no encontraba explicación.

Entonces recordé que en varias ocasiones estando en el mismo sillón, una corriente de aire frío me corría por la nuca. En ese momento un escalofrío recorrió mi cuerpo. Comencé a sentirme inquieto por lo que estaba sucediendo. Me estaban ocurriendo hechos inexplicables.

Nuevamente en el sillón intenté leer, pero me fue imposible y encendí la televisión para sentirme acompañado. Por más preguntas que me hacía mi cabeza no resolvía el misterio.

Se fueron pasando los minutos. ¿Cuántos? ¿Cinco? ¿Un cuarto de hora? No lo se. En esa situación no los podía tener en cuenta.

Pensando y pensando en el suceso, se manifestó de nuevo. ¡Una tercera vez!

En esta ocasión me sentía desconcertado e impotente, tenía la impresión de estar desprotegido.

Dando un giro a mis pensamientos, sereno pregunté en voz alta: "-¿Quién eres? ¿Qué quieres de mí? El silencio fue la respuesta. Un silencio que imponía. Sentado esperé una comunicación, pero esta no llegaba.

Expectante y creo que hasta deseoso de que alguien se mostrara, me puse en pie al tiempo que volvía a exclamar: "-¿Quién eres? ¿Qué quieres de mí?"

Nuevamente la ausencia de ruidos se apoderó del ambiente. Pasaba el tiempo y el silencio se hacia cada vez más denso. Era una situación que acobardaba.

Por fin, cansado de esperar algún signo, decidí irme a dormir.

En la cama, intrigado por lo que me estaba sucediendo desde que empezó la década de los años dos mil, mi cabeza no dejaba de hacer preguntas. ¿Me querían dar a entender algo? ¿Eran encuentros para resolver alguna situación? ¿Eran producto de mi imaginación? ¿Eran alucinaciones?

Negada la explicación suspiré, y con el ánimo indeciso cerré los ojos e intenté dormir, pero no lo conseguía. Cansado de darle vueltas y más vueltas a aquellos misterios, dejé de pensar por unos momentos. Entonces, detrás de mis párpados cerrados, apareció la imagen de Maria que me ayudó a deslizarme en un tranquilizante sueño.

A los tres días de este hecho sentí nuevamente la corriente de aire frío en la nuca.

Desde entonces no he recibido la visita de ningún extraño suceso.

¿Era un adiós? ¿Realicé inconscientemente el posible mensaje qué me quería transmitir?

No lo sé, pero hasta el momento, mis intentos por descifrarlos a todos los niveles de claridad y comprensión, han sido nulos.

III

El estudio donde cultivo el arte de la pintura es una vivienda compuesta de salón, cocina, tres habitaciones y un servicio. Una de las habitaciones es mi cuarto de trabajo. Otra, enmoquetada y decorada con cuadros, amueblada con una mesa redonda, dos sillas y un piano con su taburete, sirve para vocalizar y dar clases de canto a mi hija Montserrat. La tercera, más pequeña, sirve de almacén para mi obra.

Durante más de quince años en este piso, semanalmente todos los martes por la tarde, un grupo de personas celebramos una reunión para intentar que el Gobierno repare la injusticia cometida contra el colectivo de antiguos trabajadores de las empresas del Grupo ITT-España (Standard Eléctrica y Marconi Española) enviados a la jubilación anticipada obligatoria por reconversión industrial.

Este conjunto de personas, con ideales políticos y sindicales diferentes hacen causa común en la lucha con la esperanza de que el Gobierno les reconozca sus derechos.

Durante una de estas reuniones, Paco, uno de los asistentes exclamó inopinadamente ¡En esta casa hay espíritus!

El resto de los asistentes nos echamos a reír y las bromas con él fueron la respuesta durante un buen rato.

En su defensa, Paco confesó poseer una fuerza psíquica que le hacía notar su presencia.

Sin darle más importancia al inciso, terminamos la reunión y durante nuestra marcha comentamos jocosamente el suceso.

Transcurridas tres semanas, volvió a repetirse la escena con los mismos protagonistas.

Hay un dicho popular que afirma: No hay dos sin tres. Hecho que se cumplió. Por tercera vez y como las veces anteriores, me repitió Paco, en voz tan baja, que nadie más pudo oírle: ¡En esta casa hay espíritus!

Yo no creía en el mundo de los espíritus, pero tanta perseverancia me dio que pensar.

Resultaba inconcebible que existiera una participación de lo sobrenatural y que pasara inadvertido para todos nosotros excepto para él. ¿Estaría la casa encantada? ¿Tendría Paco en verdad poderes psíquicos para sentir los espíritus? ¿Cómo podría negarle nuevamente esta comunicación?

Pues lo hice, por tercera vez consecutiva me mostré escéptico con él.

He de aclarar que durante el tiempo que he ocupado la casa en soledad no he tenido en ella ninguna experiencia fuera de lo corriente, ni hallé nada extraño aparte de una sensación de paz y descanso.

Estas tres manifestaciones no volvieron a repetirse, ya que ocurrió un hecho relacionado con nuestra lucha que motivó que Paco no volviera a las reuniones.

IV

Para un escéptico es difícil entender cómo en la atmósfera pueden aparecer espíritus que hablan y proporcionan información sobre detalles íntimos.

El segundo signo de que en el estudio había espíritus me lo transmitió mi hija.

Montse como soprano, es una de las voces que enriquece el coro del Teatro Real. A veces su trabajo, le permite tener mañanas y tardes libres y algunas de ellas las dedica a dar clases de canto sin distinción de sexo ni edad.

La convivencia de las dos artes me permitió conocer a sus alumnos, entre ellos estaba un joven de unos treinta años llamado D.

Al día siguiente de una de las escasas clases que dio al joven, mi hija y yo coincidimos en el estudio. Después de terminar de vocalizar se acercó a mi habitación y me dijo:

-Papá, no se si decirte lo que me reveló ayer mi alumno D.

La forma con que se expresaba y el misterio que le daba, acrecentaba en mí una curiosidad que me obligaba a repetirle una y otra vez que no me mantuviera ignorante.

Ante mi insistencia por fin se decidió a contármelo.

-Papá durante un momento de la clase noté que no prestaba la debida atención, que le pasaba algo. Hice una pausa y le pregunté el motivo. Después de dudarlo, me declaró que tenía percepciones con las almas. Experiencia que ni quiere, ni desea, pero que algunas veces las tiene y habla con ellas como en esta ocasión y que cuando estaba sentada ante el piano, junto a mí de pie, había una figura femenina luminosa de tono beiss con la que ha estado hablando mentalmente. Le ha pedido que nos transmita que está en la luz y que es muy feliz. Que nos quiere mucho y que no nos preocupáramos que sería nuestro Ángel de la Guarda. Que tu padre aunque aparentemente es tranquilo, por dentro es un volcán. Finalizó con muchas gracias por lo del hospital y le preguntó qué había pasado con la piedra de tu anillo.

El mensaje contenía datos asombrosamente precisos sobre detalles que solo conocíamos mi hija y yo.

Al principio me sorprendió el agradecimiento a mi hija sobre el episodio del hospital, ya que durante los cuatro meses que duró su hospitalización excepto el tiempo que pasó en la UVI, estuve junto a ella.

Durante unos momentos quedé en silencio intentando hacer memoria.

Entonces recordé una situación que ocurrió en dicha sala y la posible causa del motivo de ese agradecimiento.

En silencio y con los ojos cerrados, revivo esa situación.

Durante las visitas familiares a esa unidad de vigilancia, normalmente solo se permitía la entrada de dos personas. Aquel día pasamos tres, Montse, Enrique Garcia amigo valenciano y yo al darse la circunstancia de estar la sala solo ocupada por Maria. Durante el tiempo de la visita, hubo un momento en el que mi esposa me rogó que preguntara a la persona que estaba a su cuidado le pidiera por favor si Montse podía cantarle una canción.

En un principio nos quedamos sorprendidos y sobre todo, yo que me parecía improcedente esa petición a la cual se negaría el enfermero.

En ese sentido la contesté añadiendo mis dudas a que la concediera.

Maria me insistió como si estuviera de rodillas ante un altar, con una cara en la que se mostraba ya en sus ojos el agradecimiento antes de haberlo solicitado.

Yo simplemente respirando hondo agaché la cabeza, y en silencio me acerqué muy lentamente al enfermero y la transmití su deseo. Al principio se mostró dubitativo, pero terminó por acceder con la condición de que lo hiciera bajito.

Cuando le transmití a Maria su consentimiento, su cara mostró una gran alegría, luego dirigiendo su mirada llena de dulzura hacia mi me sonrió.

Lo que aconteció después fueron momentos de gran emoción. Montse cantó a su madre La Primorosa del Barbero de Sevilla y Lucia de Lammemoor.

Para ella fueron unos momentos de gran felicidad los que se reflejaron en su cara, mientras que por las nuestras completamente emocionados, corrían las lágrimas.

A los siete días la pasaron a una sala común, donde falleció.

Era el día 15 noviembre de 1999.

V

Maria nació en el pueblo valenciano de Alboraya y en el de Antella tenía la mayoría de su familia. Entre esta, hay cuatro hermanas primas de mi mujer, que se llevaban entre ellas como si fueran cinco. En el cementerio de Antella en un mausoleo propiedad de sus primas reposan sus cenizas.

En vida de mi mujer, raro era el año que no íbamos a visitar a la familia y desde su fallecimiento, año tras año durante el verano la he mantenido hasta la fecha.

Durante mi visita en el verano del 2009, le narré a la prima Maria el suceso de la lámpara, hecho que me ocurrió en el invierno de ese año.

Cuando terminé no le causo ninguna impresión, ni hizo comentario alguno, sin embargo me sorprendió al decirme que ellas no me habían informado que cuando fuimos al vidente, este le dijo a su hermana Dolores que mi mujer tenía un año de vida. Palabras que hicieron acudir a mi mente la imagen que tanto quieres.

Continuó que transcurrido ese tiempo y ocurrirle a Maria su fallecimiento, dos de las primas en una de sus visitas le preguntaron sobre el tiempo pasado de su vaticinio. A lo que él les contestó:

-Que Maria estaba muy arraigada a la tierra, pero que había tres niños que tiraban de ella.

Durante el regreso al pueblo se comentaron extrañadas que como era posible, si Maria solo había tenido un niño.

Posteriormente recordaron que, anteriormente se había malogrado un primer embarazo de mellizos.

Hay momentos que tenemos que echar la vista atrás. Este era uno de ellos.

Entonces intento rememorar y no puedo, me cuesta, por fin poco a poco voy recordando algo de la visita al vidente.

Ocurrió a principios de agosto de 1997.

Una mañana de ese verano, mi mujer me sorprendió con la petición de que las llevara en coche a ella y a su prima Dolores, a un pueblo cercano para ver a una persona que adivinaba el futuro

La noticia no me produjo sentimientos de júbilo. No se por qué, pero nada le pregunté.

Entonces no sabía que buscaba mi mujer y a decir verdad, aun ahora lo ignoro y supongo que ella ni siquiera supiera el motivo que la empujaba a ello.

Lo único cierto es que, las primas debían tenerle mucha fe al vidente ya que le visitaban regularmente y las que debieron influenciar a mi esposa a la visita.

Dolores conocedora del camino, me fue guiando hasta llegar al pueblo donde residía el vidente.

Ya dentro de la casa no tuvimos que esperar mucho.

Cuando entramos, lo hicimos solamente el matrimonio. La habitación donde recibía era una sala no muy grande en la que había una ventana.

El espacio era muy parco de mobiliario. Próximo a la ventana había una mesa de despacho y a su alrededor un sillón para el vidente y las sillas para los visitantes. Detrás del sillón una estantería y sus paredes solo estaban adornadas con un cuadro de la virgen.

Una vez sentados no recuerdo los derroteros de la conversación, hablamos ambos, pero yo estaba demasiado escéptico como para prestar atención, prueba de ello es que al final le pregunté que yo llevaba varios años litigando con el Gobierno un problema de reivindicación de pensiones, y quería saber su evolución.

El dirigió una mirada hacia un rincón del techo y me contestó:

-Lo van a dar largas.

Hecho que hasta la fecha se está cumpliendo.

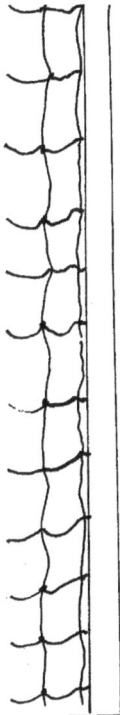

muñumel

LA OTRA CARA

Las decepciones son las que dejan las huellas más profundas en nuestra conciencia y siempre surgen con fuerza en nuestros recuerdos.

Cierro los ojos y cuando retrocedo con la imaginación a la década de los años cincuenta -examinando los acontecimientos con la perspectiva de los años transcurridos- vienen a mí algunos hechos con los que nunca estuve de acuerdo. De cualquier manera, mi memoria me hace contemplar a través de los años los momentos que dan lugar a este relato. Son tiempos que no han de volver que me resulta agradable recordar a pesar de todo lo ocurrido.

El Club Deportivo Cuatro Caminos, filial del Atlético de Madrid, militaba en la categoría nacional de 3ª división. La segunda temporada del equipo en esa categoría no fue buena. Sin embargo, mi rendimiento como medio fue brillante, lo que motivó a la directiva a solicitar mis servicios para la siguiente campaña. Motivado por lo feliz y a gusto que me sentía con el equipo, pero principalmente por la amistad y compañerismo de sus jugadores, me decidí a renovar a pesar de recibir ofertas de otros equipos en dicha categoría. Sin dudarlo, me acerqué a estampar la firma en las oficinas que el Atlético de Madrid tenía instaladas en el campo del Metropolitano. La espera fue corta y el acto estuvo presidido por Manso, al que conocía muy bien por ser el hermano gemelo de un compañero de equipo en el Hispano Club.

Esta rúbrica fue el comienzo de la que sería una aciaga temporada.

Para empezar, en la nueva temporada 1951/1952, hubo cambio de entrenador. Como nuevo técnico del once caminero fue designado Lorenzo Sánchez Villar. ¡Un árbitro de boxeo! Con el cambio de entrenador sufrí mi primera decepción. Además de dejarme un poso amargo, tuve la sensación de que sombras de malos presagios se cernían sobre mí. Era la primera nota de mal agüero.

Efectivamente. Durante la pretemporada, las opciones tácticas del nuevo entrenador no me parecieron claras, prueba de ello es que, en los partidos de preparación me hizo alternar en los puestos de medio y defensa. Nunca había jugado de defensa. Empezaban a confirmarse los negros presentimientos.

En el primer partido oficial de la competición, me asignó en la alineación el puesto de defensa derecho. Como ningún equipo garantiza a un jugador un puesto fijo, y mi afición y deseos de jugar eran grandes, me sentí obligado a ocupar dicho puesto en contra de mi voluntad. Transcurridos los primeros partidos, la marcha del equipo no era como esperaba el técnico por lo que, buscando un mejor rendimiento, volvió a situarme en la posición que más me gustaba, la que había ocupado siempre, en el centro del campo. Parecía que cambiaba mi suerte, pero solo era un espejismo.

Dos partidos después de haber ocupado nuevamente el puesto de medio, nos correspondió enfrentarnos en el campo de Vallehermoso a otro equipo madrileño, el Girod. En este encuentro, tuve una lesión en el empeine del pie derecho que me tuvo apartado siete meses de los campos de fútbol. Fue un lance del juego que me parece imposible se vuelva a repetir. Los dos contrarios saltamos a disputar un balón de cabeza y en el choque ambos nos desequilibramos. Él cayó de cabeza y yo trastabillé. Al intentar afirmar mí pie en el suelo, ambos, cabeza y pie se encontraron. El impacto fue brutal. Los dos permanecimos en el suelo hasta que aparecieron los masajistas. Él, con una pérdida de conciencia o desconexión con el medio exterior, preguntaba a sus asistentes: ¿dónde estaba? ¿qué hacia allí?.... Había sufrido un traumatismo craneoencefálico. Yo, sentado en el suelo con fuertes dolores en el empeine, recibí la asistencia adecuada. Pasados unos instantes, fueron remitiendo los dolores, lo que me permitió finalizar el encuentro. Cuando terminó el partido y se enfrió el pie, empecé a sentir tales dolores, que no pude asentar el pie en el suelo.

En un primer examen, las radiografías no mostraron signos de rotura de huesos, por lo que el traumatólogo de la Federación Castellana, dictaminó traumatismo. El tratamiento, consistió en escayolarme el pie durante cuarenta días. Transcurrido el tiempo prescrito, podía andar y correr normalmente pero no golpear el balón. Cuando lo hacía, volvían los dolores que me impedían continuar. La nueva prescripción facultativa, consistió en una serie de infiltraciones con novocaína. Finalizado este nuevo tratamiento, al volver a golpear al balón reaparecieron los dolores. El último tratamiento y pronóstico definitivo consistió, en resignación, paciencia y tiempo, porque la curación seria lenta. Se podía afirmar que había que decir adiós a la temporada.

Tan lenta fue la recuperación, que la junta directiva del Cuatro Caminos no tuvo paciencia y a través de su portavoz, el directivo Marcial, me informó fría y escuetamente, que habían decidido prescindir de mis servicios. Que una vez curado, disponía de libertad absoluta para fichar por otro equipo. En definitiva, sin más explicaciones, me daban la "patada". Momentáneamente, me quedé sorprendido. Fue tan inesperada la noticia, que no encontré respuesta. Me acababa de dar un golpe bajo, tan bajo, que parecía como los que a veces se dan en los combates de boxeo y dejan K.O. Me sentía indignado, principalmente porque no me había curado, y después, por haber sido en la temporada anterior el jugador más regular, el que más partidos había jugado y el que recibió una carta de felicitación de dicha directiva, como jugador al servicio del club en todo momento. Así con esta nueva "felicitación", verbal se cumplió el refrán español:

"En este mundo traidor, al mejor, tratan peor".

Era una manera desconsiderada de echarme.

Pero mi mala suerte no se había terminado, ya que durante el proceso de recuperación perdí en esa temporada, la oportunidad de ser probado por el Real Madrid. La noticia me había llegado por dos conductos distintos, uno a través de la directiva del Cuatro Caminos antes del comienzo de la temporada y el otro, por Huete, ex-jugador internacional madridista entonces entrenador del Rayo Vallecano.

A veces hay algo que enturbia las ilusiones. Adiós a sueños e ilusiones. Los negros presagios se iban confirmando. Las cosas sucedían y se convertían en hechos y éstos, no se discutían. Había que pasar página. Después de soportar el largo proceso de recuperación, por fin conseguí el alta médica. Sentía enormes deseos de volver a los terrenos de juego, pero no me quedaba más alternativa que tomar las cosas con calma y esperar a la próxima temporada. Mientras llegaba, mi afición se alimentaba con entrenamientos, partidos informales y presenciando partidos de categoría regional.

Uno de los campos que con más frecuencia visitaba los domingos por la mañana, era el del San Miguel, situado entre la calle de General Ricardos y la avenida de Oporto. El juego que yo practicaba, no debía pasar desapercibido para los aficionados al fútbol modesto, ya que en dicho estadio, durante un partido que estaba viendo, se me acercó una persona desconocida que se interesó por mi situación deportiva. Le informé de mi percance, del comportamiento del Cuatro Caminos y de que, actualmente no jugaba al no estar enrolado en ningún equipo. Al enterarse de que disponía de la carta de libertad, me indicó que se llamaba Antonio y que era el utillero del Rayo Vallecano. Me preguntó si me interesaba jugar con ellos, ya que su equipo disponía de una plantilla corta para hacer frente al Campeonato de Castilla de Aficionados y al de España si se clasificaban, por lo que necesitaban los servicios de más jugadores. La oferta económica sería nula, pero la deportiva era muy atractiva. Me estaba ofreciendo lo que yo más deseaba: jugar. Al ver el cielo deportivo abierto, acepté la oferta sin dudarlo. A continuación me indicó la necesidad de acelerar los trámites a seguir y ponerme rápidamente a disposición del entrenador, ya que al siguiente domingo se celebraría el partido de ida de la final de Castilla.

Después de la firma, bien por los trámites federativos o por desconocimiento del entrenador de mi condición física, no me convocaron para jugar ese primer partido contra el Obras Públicas de Cuenca, campeón del resto de comarcales de la Federación Castellana de Fútbol. El resultado fue un merecido empate.

El encuentro de vuelta, que se celebró en Madrid una mañana en el campo de fútbol del Rodival en Vallecas, fue mi primer partido con el Rayo jugando en el puesto de medio volante derecho. En este segundo intento se decidía el título de Castilla. En el primer tiempo, el contrario adquirió una ventaja psicológica al llegar al descanso con uno a cero a su favor. La segunda parte ya fue otra cosa. El Rayo dominó al contrario jugando un fútbol trenzado y por bajo, marcando los dos goles que le dieron la victoria y el título de Campeón de Castilla. Este triunfo le clasificaba para jugar el Campeonato de España de Aficionados.

Tras proclamarnos campeones, tuvimos unas semanas de vacaciones deportivamente hablando: en primer lugar, por la espera del inicio de la fase nacional y luego porque nuestro equipo por sorteo, quedó excluido de jugar los octavos de final. Durante este periodo de descanso, celebramos entrenamientos y partidos amistosos que me permitieron mejorar mi puesta a punto, y el acoplamiento con mis nuevos compañeros de cara al campeonato nacional. Los resultados no podían ser más alentadores, el equipo ganaba y jugaba bien. ¡Muy bien! ¡Convencía! A los componentes del equipo, se nos veía con ganas e ilusión para afrontar las próximas eliminatorias. Manchado, nuestro entrenador, manifestaba su satisfacción por el trabajo que estábamos realizando.

En el sorteo para los cuartos de final del Campeonato de España, nos correspondió enfrentarnos al equipo del Peñarroya-Pueblonuevo, campeón de Andalucía y Extremadura.

El domingo anterior a la eliminatoria, jugamos la Copa de la Federación Castellana contra el Manchego, equipo de tercera división de la provincia de Ciudad Real. El Rayo, venció por tres tantos a uno, después de realizar una gran exhibición de juego. Este encuentro, nos sirvió de eficacísimo entrenamiento con vistas a nuestro primer partido de la fase final.

La semana previa al partido, nuestro técnico, conocedor de la valía de nuestro contrario, intensificó los entrenamientos y preparó el encuentro haciendo hincapié especialmente en el trabajo táctico y de estrategia, para que sus jugadores no se vieran sorprendidos por el conjunto cordobés.

Nos mentalizó de la importancia vital y moral de ganar holgadamente este primer partido, y así poder evitar un resultado imprevisto en el de vuelta, con lo que daríamos un paso destacado hacia el título nacional.

Llegó el domingo y con él nuestras ilusiones de ganar este primer encuentro. El partido, fijado a las once y cuarto en el Estadio de Vallecas, fue nuestro comienzo en el Campeonato de España, al recibir los vallecanos al equipo cordobés del Peñarroya-Pueblonuevo. El resultado terminó con un contundente seis a cero, favorable al equipo madrileño.

Durante los primeros cuarenta y cinco minutos no hubo variación en el marcador. El juego se desarrolló sin agresividad entre los jugadores y sin embargo, resultó accidentada esta fase del encuentro por haber sido contusionado a consecuencia de una pedrada, uno de los linier. El impacto le produjo en la cabeza, una brecha, por la que manó abundante sangre. Ver esa cara ensangrentada, produjo una fuerte impresión en el público asistente, lo que originó que algunos espectadores indignados, comenzaran una furibunda carrera por la grada persiguiendo al causante del lanzamiento, originándose así un lamentable espectáculo con el agresor, por su condenable acción. Lograron detenerle y ponerle a disposición de las autoridades. Debido a este incidente, el juego estuvo suspendido durante quince minutos.

Posteriormente me enteré, que el violento aficionado resultó ser un seguidor del Peñarroya.

En la segunda parte, el Rayo estuvo sensacional, fue una auténtica demostración de buen fútbol y un repaso en toda regla a un equipo que parecía una sombra del periodo anterior. El resultado fue un brillante triunfo por méritos propios. Finalizado el encuentro, los aficionados vallecanos, disfrutando de la victoria, no mostraban interés por abandonar el estadio y se prodigaban en elogios a su equipo por haber borrado del terreno de juego a su oponente.

Con este resultado, el equipo demostró que estaba atravesando un excelente momento de juego.

Era un paso muy decisivo para situarnos en las semifinales.

Las vísperas del encuentro de vuelta, fuimos citados por la mañana en la estación de ferrocarril de las Delicias. Era un día del mes de mayo con un sol radiante en un cielo sin nubes.

El paso al andén, nos permitió observar como los mozos de la estación, se movían sudando bajo el peso de las maletas o conduciendo carretillas, en cualquier caso voceando les dejaran paso, ver a personas corriendo, al tiempo que gritaban o gesticulaban, creando un ambiente ruidoso y enervante y contemplar a una multitud ruidosa de viajeros y acompañantes, agotando los últimos momentos de la despedida en una estación llena de humo.

Nos desplazamos a Puertollano, pueblo de la provincia de Ciudad Real, en un tren en el que entraba fuego por las ventanillas abiertas para enlazar con otro de vía estrecha que nos llevaría a la estación del pueblo minero de Peñarroya.

Allí montamos en un tren que parecía el utilizado en la película "Los hermanos Marx en el Oeste".

Antes de salir, la locomotora tenía un jadeo corto de vapor y después de haber sido alimentada, se desperezó al subir la presión y los émbolos empezaron a funcionar, luego resopló al moverse lentamente vía adelante. Fuera de la estación y a medida que avanzaba, a veces silbaba fuertemente extendiéndose por los campos a ambos lados de la vía. Al tiempo, el olor a carbón quemado penetraba por las abiertas ventanillas. Próximos a la estación y al ir disminuyendo la velocidad, el traqueteo del tren se hizo más violento. Después de frenar, la máquina expelió un largo chorro de vapor como si estuviera fatigada. De la estación al pueblo había una buena distancia, trayecto que hicimos en un autobús de línea.

Próximos al hotel y nada más bajarnos del autobús, fuimos victimas de una agresión verbal por parte de dos personas que parecían estar esperándonos. Con la afortunada llegada de un guardia municipal, al que nuestro entrenador puso en antecedentes, se zanjó el problema al ordenar la autoridad a los provocadores que no nos molestaran y se marcharan. La pareja a regañadientes cumplió el mandato.

Cuando después de un viaje de incomodidades, molestias y fatigas llegamos al hotel, era avanzada la tarde.

Esperábamos el confort del hotel, ya que éste incide en el estado de ánimo de los jugadores cuando fatigados por las largas horas de viaje, llegan buscando un buen baño o ducha y una buena comida.

Después de asignarnos las habitaciones, decidimos tomar una ducha.

Gran decepción. ¡No había agua!

En recepción, nos dijeron que el agua estaba cortada por restricciones. Ante nuestra contrariedad, el empleado nos sugirió otra forma de ducharnos. Los sótanos del hotel eran un aljibe y mediante el transporte de cubos de agua, podíamos tomar la ducha en una habitación próxima. Al ver nuestra cara de extrañeza, volvió a insistirnos que era la única forma, añadiendo que si estábamos dispuestos, nos facilitaría los cubos. No lo dudamos y pronto pasamos a la acción. Mientras unos hacían el transporte, otros se duchaban. Durante el tiempo que duró la ducha, el escenario parecía una batalla naval, las bromas, las esponjas y alguna que otra pastilla de jabón cruzaban el aire. Ya apenas podíamos mantenernos en pie debido al estado del suelo, pero la juerga nos permitió desahogarnos y relajarnos. Fue una manera de conservar la camaradería y alimentar la moral del equipo.

Una vez arreglados y en espera de la cena, el tema común de conversación fue la provocación del autobús, que luego se prolongó entre los comensales con toda clase de opiniones. Terminada la cena, el entrenador nos recomendó la conveniencia de dar un paseo por el pueblo.

Durante el paseo nocturno, la plantilla rayista aprovechó lo distendido del momento para disfrutar de una noche tranquila. Durante un tiempo, caminamos sin cruzarnos con otras personas, mientras el silencio de las calles solo era roto por el ruido de nuestras conversaciones. De pronto empezamos a notar personas que nos seguían. Al aproximarse, empezaron a lanzar palabras ofensivas contra el grupo. La situación volvía a repetirse. Nuestro entrenador volvió a indicarnos que no quería problemas, por lo que no debíamos darnos por aludidos. Al cabo de un rato, las personas que nos seguían se cansaron y abandonaron la provocación. Así pudimos terminar tranquilos nuestro paseo, hasta regresar al hotel.

Las horas tras el amanecer del domingo, son las más tranquilas, solo se ve a los últimos noctámbulos. Esa mañana salimos nuevamente a pasear, mientras caminábamos, el sonido de las campanas anunciando a misa, atronaban el ritmo de un caluroso día. No habíamos recorrido mucho trecho, cuando volvimos a sufrir nuevas provocaciones. El entrenador, abrumado por el ambiente en que estábamos inmersos, nos volvió a remachar que no hiciéramos caso. Durante la mañana, se habían distribuido folletos solicitando el apoyo de los seguidores locales y la predisposición, contra el equipo forastero. En el mismo sentido, periódicos y radiodifusión estuvieron "calentando" el partido durante toda la semana.

La gente no es violenta de por sí, para desmandarse necesita un estímulo, un pretexto que los ponga en acción. Los aficionados locales, estaban pasando una jornada muy especial ante un encuentro que les había despertado el máximo interés, y tenían en su conciencia que éramos sus enemigos. Su propósito era destruirnos como fuera para ganar la eliminatoria. El ambiente a nuestro alrededor, era de crispación y violencia.

A primeras horas de la tarde, comenzó el desfile de los aficionados al terreno de juego. En la calle, la animación era propia de los días grandes. Llegó la hora de encaminarnos a Casas Blancas, el campo de fútbol local. En la calle hacía mucho calor y la luz del sol reflejada en la blancura de las casas, irritaba la vista. Hicimos el trayecto andando, y durante todo el recorrido hasta entrar al vestuario, siguieron las provocaciones.

Una hora antes de dar comienzo el partido, la afición ya abarrotaba casi por completo las gradas del recinto deportivo.

En la caseta, mientras Antonio el utillero nos repartía la vestimenta, una voz de alarma, gritó: ¡No hay agua corriente! Se pidieron explicaciones ante tal contrariedad y la contestación fue, que no había agua por restricciones. Seguían los problemas.

Antes de salir al terreno de juego, recibimos la última recomendación del mister: que refrenáramos nuestros impulsos ante los insultos o gestos atemorizantes del público o de los adversarios, porque con ellos buscan una reacción que provoque alguna expulsión.

En un clima ambiental de gran excitación, saltamos al campo de juego para realizar el precalentamiento y así evitar los riesgos de la actividad más dura del partido. Fue el comienzo de un drama y pasión sobre un escenario en el que la multitud de las gradas empezó a actuar.

Hay campos de fútbol en que el juego tiene un elevado signo deportivo, pero otras veces, no se lucha exclusivamente contra el adversario, a este, se suman quienes ofrecen lamentables ejemplos, de los que la expedición de nuestro equipo podía hablar con razón.

Desde nuestra llegada, los hinchas del Peñarroya prepararon una recepción hostil para la delegación rayista, provocándonos en todo momento. Habían montado en torno al partido un ambiente psicológico, intentando ponernos nerviosos y descentrarnos. Esto nos creaba un encrespamiento, una rabia y tensión que no podíamos evitar. Hasta el clima parecía que se había aliado con el equipo local, el termómetro marcaba cuarenta grados. Tales "interferencias" no debían quebrar nuestra ilusión, para ganar la eliminatoria.

Hay jornadas, en las que el deporte por méritos propios se convierte en el gran protagonista, en otras ocasiones, las menos afortunadamente, los acontecimientos extradeportivos se encargan de ensombrecerle, dándole una triste relevancia. Yo esperaba que con la campaña que habían montado, no se produjeran incidentes que llevaran a la agresión física.

Con nuestra salida para hacer los ejercicios de precalentamiento, al ambiente caluroso, inmediatamente se sumaron los gritos y silbidos de una masa vociferante de rostros congestionados.

En esas circunstancias, instantes antes del comienzo del partido, se dio una nota "curiosa". Un joven que nos dijo ser fotógrafo de un periódico deportivo cordobés, nos pidió educadamente permiso para hacernos una fotografía. Después de colocarnos y hacer él los preparativos en su máquina, se llevó la mano derecha hacia la espalda y la volvió a mostrar, en ella aprisionaba un cuerno de vaca. Dando un paso hacia atrás y con un gesto de suprema burla se llevó el cuerno a la boca y lo hizo sonar. No supimos reaccionar, lo que aprovechó el "fotógrafo" para alejarse de nosotros. Mi mente le dedicó un ácido pensamiento.

Mientras tanto la actitud del público, seguía siendo la misma. La presión que teníamos que soportar era total, no ya por el enemigo a batir, sino por ser el centro de "atención" de todo ser viviente. Los abucheos constantes y el ruido imperante, se prolongaron varios minutos después de empezado el partido.

Durante la primera parte, las oleadas de calor y el griterío se hacían la competencia. Era tal el calor, que parecíamos barro en un horno pasando la primera cocción. Este horno determinaría el valor, la voluntad y el esfuerzo realizado por los jugadores. Corríamos respirando fatigosamente sobre un campo de tierra roja, donde se levantaba un polvo que se introducía por ojos, nariz y garganta. Este polvo, se quedaba suspendido en el aire mucho después de que el movimiento, impulso y velocidad de los jugadores lo produjeran. Deseaba que cuanto antes terminara esta primera parte para beber, beber, beber y mojarme la cabeza.

Llegó el descanso. El silbato del árbitro puso final al primer tiempo, cuando el marcador señalaba dos a uno a favor del equipo local. Sedientos y con las ropas empapadas en sudor, entramos al vestuario buscando el agua de los lavabos y duchas, pero nuestra caseta seguía con "restricciones". Con ilusión esperamos el alivio de los refrescos, que como cortesía se facilitan al equipo visitante. ¡Otra nueva decepción! Los refrescos, estaban como la sopa que se toma en invierno para entrar en calor. Habían puesto las botellas al sol. Mi ya existente enfado subió de tono ante tanta desconsideración. Me rebelé contra el ambiente de intimidación que empleaban contra nosotros. Salí del vestuario con una botella dispuesto a obtener agua como fuera. A la salida del vestuario, me encontré con un sargento de la Guardia Civil, al que me encaré solicitando su ayuda. Dio su consentimiento pidiéndome la botella y juntos, nos dirigimos al kiosco de bebidas regentado por una mujer. El miembro de la Benemérita, acercándosela a la mujer le pidió agua. Ella accedió. Acercó la botella al grifo y empezó a llenarla, pero de pronto apartó la botella y nos miró, le plantó cara al sargento y le preguntó para quién era. Al contestar que para mí, exclamó furiosa que no había agua para el equipo forastero, y le devolvió la botella después de vaciarla. No podía dar crédito a lo que estaba pasando. Automáticamente me hice la siguiente pregunta: ¿Para quienes eran las restricciones? Con la botella en la mano entré en la caseta, mientras un sentimiento de rabia y de ira hizo que las lágrimas afloraran en mis ojos. Me serené y adopté la solución de enjuagarme la boca con la gaseosa caliente y tragármela con el polvo y la impotencia. Era tal el ambiente de indignación que flotaba en la caseta, que unos y otros con frases más o menos airadas, regurgitamos el momento tan agrio que estábamos pasando.

En estas situaciones, hay personas que se adaptan mejor que otras. José Luís nuestro portero, un tiarrón que me sacaba la cabeza, se mostraba callado y parecía estar abatido. Como la desmoralización anula la voluntad del jugador, me acerqué con ánimo de ayudarle y le pregunté que le pasaba. Me confesó, que los insultos a él y su familia, los escupitajos, lanzamientos de piedras y las amenazas con una garrota, le obligaban no solo a tragar bilis sino a estar alejado de la porteria. Buscando una reacción que pudiera ser beneficiosa para el equipo, le animé pidiéndole que hiciera oídos sordos a las provocaciones y que le echase "un par de pelotas".

No se si logré animarle, porque en ese instante, el entrenador nos pidió atención para darnos las ultimas recomendaciones.

Terminó el descanso y salimos nuevamente al terreno de juego. ¿O al infierno? Nada había cambiado. La masa de gente seguía vociferando, sin modales ni compasión hacia nosotros y nuestros familiares. Dio comienzo la segunda parte, y nuevamente empezamos a correr aplastados por aquel sol rabioso, bajo el que el campo parecía abrir una gran boca invisible que alimentaba un aire sin llamas. Los cambios de ritmo eran brutales y los esfuerzos para volver al puesto asignado en el campo, nos asfixiaban. Las caras de todos los jugadores mostraban un gran su-

frimiento ante aquel radiante sol. Tragábamos boca-
nadas de aire caliente saturado de polvo, dejándonos
la boca con sabor a barro. Necesitaba beber y me
acerqué a la banda a solicitarle a Antonio una de las
gaseosas calientes. Este le dio la botella al Sr. Ropero,
tesorero del equipo. Alcanzarme esa botella, dio origen a una serie de insultos soeces hacia su persona, y
en su rostro, en un gesto contenido por la impotencia, se inició un surco de lágrimas.

Seguimos corriendo y corriendo, hasta que por fin
sonó el pitido final. Se acabó la pesadilla y conseguí
ver el final del túnel. El resultado fue de cuatro a
uno a favor del Peñarroya. Levanté los puños varias
veces, satisfecho de haber conseguido lo que real-
mente importaba: ganar la eliminatoria. De pronto se hizo un misterioso silencio, la olla a presión
dejó de sonar, habían enmudecido los espectadores.
Me preguntaba si esa calma, era una falsa alarma o
una broma. Habían sido momentos de tal tensión
y sufrimiento que nunca olvidaríamos. Durante ese
impresionante silencio, nos retiramos a los vestuarios. La entrada, fue la de unos hombres agotados,
con caras de sufrimiento y los labios cubiertos de
una rojiza saliva reseca. Me senté en el banco silenciosamente, con los ojos fijos en el suelo y sin
aliento. Una cálida punzada, me recorría el costado
izquierdo, desde la mitad de las costillas a la parte
más profunda de la axila. En unos instantes me sentí mejor. Al tiempo que me pasaba la mano por la
frente, solicité una gaseosa. En ese instante una voz
me animó, al informar que teníamos agua corriente
en los vestuarios. Gran noticia, se habían acabado
nuestras "restricciones". Bebí y bebí ansiosamente,
hasta saciarme. Luego me metí en la ducha, y el caer

del agua, me pareció música celestial. Mientras, en el aire, se cruzaban frases, vítores, alirones y risas, que se acentuaron cuando el resto de la expedición plena de satisfacción, llenó la caseta. La alegría era tal, que el utillero, nos dio la enhorabuena uno a uno. Tal era su estado de euforia, que terminó bajo las duchas como nosotros, sin darse cuenta de que estaba vestido. El chorro del agua, fue la terapia que me relajó y revitalizó físicamente. Aún así, salí del recinto deportivo molesto con la actitud del público. Sin embargo, a pesar de todo lo sufrido, al final había valido la pena, ya que lo único importante era conseguir ganar la eliminatoria. Y lo habíamos logrado.

Luego encaminamos nuestros pasos de vuelta al hotel. El comportamiento de los aficionados locales se había vuelto diametralmente opuesto ya que solo recibíamos saludos y enhorabuenas. Ese cambio en las gentes, nos animó a varios de nosotros a entrar en un bar a tomar unas cervezas. Mientras nos las servían, algunos clientes nos felicitaron por haber ganado la eliminatoria y para sorpresa nuestra, nos invitaron a la consumición. Cuando volvimos al hotel, una nueva sorpresa nos esperaba, ya no teníamos "restricciones" de agua.

Si alguien me preguntara ¿Tú que has jugado en tantos campos de fútbol, alguna vez te ha pasado algo parecido? Nunca, sería mi contestación.

Después de este encuentro, el Rayo pasó al sorteo de las semifinales con los equipos del Turista, Eibar y Amistad. El resultado, señaló los primeros partidos de la eliminatoria en el orden siguiente Turista – Eibar y Amistad – Rayo Vallecano.

Celebrados los partidos de las semifinales del Campeonato de España de Aficionados, en ambos batimos al equipo aragonés con el resultado de dos a cero y el Eibar eliminó al Turista. Después de estos resultados, la final se disputaría en el Campo del Torrero, en Zaragoza.

Tras los éxitos en las eliminatorias, en nuestro colectivo reinaba un buen ambiente y un gran optimismo de cara a afrontar, con todas las garantías de éxito, el partido más trascendental. Todos estábamos deseosos de que llegara ese día y ver cumplidas nuestras ilusiones de ser campeones.

Con ese talante nos desplazamos a Zaragoza.

Como en los toros, eran las cinco de la tarde de un domingo, cuando se iba a disputar la final del Campeonato de España de Aficionados entre los equipos del Eibar y Rayo Vallecano.

Para presenciar el partido y la entrega de trofeos se habían desplazado de Madrid Ricardo Cabot y Juan Ramiro Carranza, directivos de la Federación Española de Fútbol.

El ambiente en la caseta era extraordinario. Nuestro equipo se encontraba muy animado y dispuesto a ofrecer a los aficionados locales una buena tarde de fútbol. Las palabras de ánimo y vivas al equipo se cruzaban en el aire. Todo era alegría. Llegado el momento el entrenador Manchado designó el equipo que saltaría al césped. Como en los anteriores encuentros fui uno de los elegidos. A punto de saltar al terreno de juego, cuando nos daba las últimas instrucciones, el técnico fue requerido por el delegado del equipo. Después de un cambio de impresiones entre ellos, se me acercó el entrenador y mirándome fijamente, puso su mano en mi hombro y me hizo una manifestación que nunca habría esperado.

—El árbitro nos avisa, que la Federación Española prohíbe mi alineación, por considerarla indebida. En caso de alinearme y ganar el Rayo, el partido se lo darían por perdido. Los directivos han llegado a la conclusión, de que no procede mi alineación.

Mientras me emitía las palabras lentamente, con dificultad, cual si le hiciera daño hablar, yo me iba hundiendo. El silencio se enseñoreó en el vestuario. Una incómoda sensación de estupidez e impotencia me dejó brevemente bloqueado. No he recordado nunca cuál fue mi pensamiento en aquel instante, pero mi estado de ánimo estaba por los suelos. Al día de hoy, aún me embarga una tristeza especial cuando recuerdo aquel momento. Fue un mazazo. Otra negra sombra se había cernido sobre mi cabeza. Recuerdo que lenta y silenciosamente me quité la vestimenta que me acababa de poner, mientras los componentes de la plantilla comentaban la noticia. En aquel instante, rodeado de gente, me sentía solo. Me habían hecho daño, mucho daño y no precisamente físico. Fue como morir lleno de ilusión.

Durante el tiempo que trataba de ordenar mis pensamientos intentando no abrumarme, el delegado del equipo no se apartó de mi lado. Ante el varapalo que había recibido, su instinto era hacerme compañía. En ese mal momento me prestó su apoyo moral. Como ya habían salido los jugadores, en el silencio del vestuario le di las gracias. En ese instante, entró una persona que dijo ser periodista del Zaragoza Deportivo y me preguntó, por qué no jugaba la final. El delegado rápidamente intervino, indicándole que no podía salir por haberme lesionado en el último entrenamiento. Sin más preguntas, se marchó. Sin abandonarme, salimos juntos del vestuario y nos encaminamos hacia la tribuna para presenciar el partido. Ese breve paseo, fue origen de expectación entre el público. Los murmullos y señalizaciones hacia mi persona duraron incluso una vez sentado. Todo debía ser, al gran marcaje que hice en las semifinales a Baila, jugador del Amistad, filial del Zaragoza, que jugando en tercera división era el ídolo de la afición, a pesar de que el conjunto titular jugaba en primera división.

El partido resultó altamente interesante, ya que en ningún momento se pudo asegurar quién iba a ser el vencedor a lo largo de los noventa minutos que duró el juego. Fue necesaria por tanto una prórroga y ni aún así, pudo ser adjudicado el titulo de campeón. La igualada a tres tantos, obligaba a un nuevo enfrentamiento hasta llegar a la victoria final. El encuentro, sería disputado el martes de la siguiente semana, a las seis y media de la tarde en el mismo campo del Torrero.

Al día siguiente en el periódico el Noticiero de Zaragoza apareció un breve artículo con el título en grandes letras:

EL GAZAPO DEL DÍA, MUÑOMEL, EL SECANTE DE BAILA NO PODÍA SER ALINEADO POR EL RAYO Y FRENTE AL EIBAR SE QUEDÓ EN LA CASETA.

En el artículo, hace mención el periodista a los pasos que dio para averiguarlo y los motivos del porqué no podía ser alineado. El equipo vasco había presentado una reclamación sobre una anomalía en los trámites federativos que me impedían jugar.

Días después en el entorno vallecano, se difundió la noticia de que más de un jugador de los que había alineado el Eibar, presentaba dicha anomalía.

El partido de desempate fue un desastre para nosotros, el resultado final fue un contundente siete a uno a favor del Eibar, proclamándose merecidamente campeón de España de Aficionados.

El final del partido nos mostró las dos caras del fútbol, la de alegría en los campeones y la de tristeza en los derrotados.

Como es norma, al término del partido se hizo la entrega de trofeos a los contendientes y al no haber participado, no me correspondió la medalla de subcampeón. Por esta circunstancia en el viaje de vuelta, les pedí a los directivos que me hicieran una copia. Ante mi interés por poseerla, me contestaron que no me preocupara, que el club se sentía obligado a facilitármela. Al cabo de los años transcurridos, todavía la estoy esperando.

Recuerdo que durante el tiempo transcurrido, desde el incidente hasta el viaje de vuelta, tuve momentos de extremo desaliento en los que no deseaba hablar con nadie, ni pensar en nada ante tanta desilusión. Tenía que beber ese trago amargo en solitario, y aliviar mi situación con resignación.

En verdad, la temporada futbolística había sido aciaga pero por si no fuera suficiente, surgió otro negro nubarrón.

Dos partidos amistosos más jugué con el Rayo, hasta que finalizó la temporada. Durante ese tiempo, la directiva del club me anunció su deseo, de que jugara con ellos la próxima temporada. Acepté la invitación.

Quince días después de aceptar la oferta del Rayo, recibí un mensaje para que me personara en su oficina. Allí me notificaron la imposibilidad de disponer de mis servicios. Los motivos eran que yo había estampado mi firma con el Cuatro Caminos por dos años. Mi libertad suponía una alta cantidad de dinero, lo que hacía inviable mi fichaje.

Cuando terminaron de darme la sentencia me sentí tan desconcertado, que me quedé sin habla. Tuve unos momentos difíciles durante los cuales, no lograba apartar completamente de mi pensamiento la "faena" que me había hecho mi antiguo equipo.

¿O había sido el Atlético de Madrid?

Después de los varapalos que sufrí, ahora recibía otro.

Intenté resolver la situación pero desgraciadamente no pude. La intransigencia de la directiva del Cuatro Caminos y de Eusebio Martín, el nuevo entrenador para la siguiente temporada, fue total y absoluta. Sólo ante el problema, me encontré desamparado e impotente.

Cometí un error por mi inocencia, al fiarme de unos directivos que no eran leales a la palabra que me dieron. Primero al pasarme a la firma una ficha por dos años, cuando habíamos hablado de una sola temporada. Segundo al confiar en la palabra de un directivo cuando me notificó la carta de libertad. Se aprovecharon de mi buena fe.

Esta forma de actuar puede provocar desaliento y tristeza, pero yo tenía razones más que suficientes para estar cabreado por su engaño. En aquel momento necesitaba una solución acorde con mis sentimientos. Sin embargo, era preciso considerar el asunto con una frialdad y una lucidez desprovista de toda emoción.

El mal ya no tenía remedio y después de pensarlo mucho, tomé la más dura decisión ¡No jugar ese segundo año y pasarme un año en blanco!

Cuando me llamaron, no me presenté.

manuel

LA VISITA

Aquel día decidí saludar a mis amigos los pintores del Grupo Delicias. Eran las siete de la tarde cuando encaminé mis pasos hacia su estudio en el Paseo de las Delicias. En el portal de un edificio de siete plantas, una puerta metálica me impedía la entrada. Pulsé el botón del telefonillo y sin hacerme preguntas facilitaron mi entrada. Ya dentro de la cabina del ascensor, apreté el pulsador de la sexta planta y esperé el final del trayecto. Después de salir y nada más cerrar la puerta el ascensor se puso en marcha iniciando el descenso.

En un silencio solo alterado por los ruidos del motor y de los cables, me quedé inmóvil en el descansillo mirando inquisitivo a mí alrededor. Estaba viendo unas paredes revestidas con un hermoso mármol veteado y dos puertas en forma de arco enfrentadas. Entre ambas, adosada a la pared, había una consola de estilo italiano cuyo tablero lo adornaban unos lirios atigrados en un jarrón. Encima de ella, un cuadro bellamente ejecutado de la escuela holandesa, hermoseaba el descansillo. Su lienzo mostraba un paisaje de tierras bajas donde se veían casas de labranza y un puente sobre un río de aguas tranquilas. Más arriba, un aplique con la lámpara encendida lo iluminaba. El suelo estaba adornado con una alfombra de lana, cuyos motivos en tonos verdes y azules eran de un colorido suave.

Esta parte de la casa me era desconocida, es más, ni sabía que existía con esa configuración. Estaba estupefacto al no poder aportar alguna explicación satisfactoria ante esta sorpresa tan positiva. "¿Qué pasa aquí?- me pregunté atónito por aquel imprevisto. ¿Lo que estoy viendo es producto de mi imaginación? ¿Se ha mezclado la realidad con la irrealidad? ¿Estará la casa encantada?" Miré a mí alrededor para comprobar si algún espíritu flotaba en el aire. Nada.

-¿Qué fuerza magnética o espiritual me había enviado allí?

A pesar del asombro y confusión que sentía al estar en aquella planta, poco a poco me fui tranquilizando. En esos instantes sentía una morbosa curiosidad por encontrar una explicación a este misterio.

De pronto pude percibir una serie de ruidos sin reconocer al principio ningún sonido claramente articulado. Después, se fueron transformando en una atrayente música que salía por la puerta de la derecha. Era tan melodiosa y sugestiva que me sentí arrastrado por ella. Me estremecí un poco mientras me acercaba lentamente sobre la rica alfombra hasta detenerme ante el vano abierto. Durante unos segundos quedé parado en la contemplación de un espacio negro como el abismo. Mientras examinaba mentalmente lo ocurrido y cerraba las puertas de la mente al pánico y la confusión, la música cesó. Entonces, súbitamente, una voz sugestiva susurró repetidamente dentro de mi cabeza: Entra. Entra. No lo dudes.

Era tal mi curiosidad que sin vacilación grité a la oscuridad: "¡Hola! ¿Hay alguien?" La respuesta fue un silencio tan profundo como la negrura que tenía ante mí. Decidido penetré y palpé la pared buscando una llave de luz, hasta dar con ella. Al pulsarla, la estancia se iluminó tan intensamente que me cegó por un momento. Durante el tiempo que mis ojos se acostumbraban a la luz, mi respiración captó un aroma perfumado que impregnaba la atmósfera.

Una vez recuperado, extendí la vista y resople de admiración al observar un deslumbrante salón elíptico. La decoración de sus muebles, cuadros, espejos y porcelanas eran de un estilo muy recargado. En ellos, abundaban las tallas de madera, los adornos de filigrana, flores, árboles y escenas rústicas. Tres grandes arañas de cristal tallado que pendían del techo y unos candelabros fijos en las paredes, iluminaban la pieza con un ondulante mar de luces. Todo estaba tan limpio que parecía recién pulido. Embobado ante tanta belleza cerré los ojos y durante unos momentos mi imaginación me hizo ver a un director dirigiendo a los músicos de una orquesta y como a los compases de un vals, se deslizaban bailando las parejas de una elegante y alegre concurrencia.

Después de un buen rato de disfrutar extasiado de tanta fastuosidad, me retiré pesaroso y triste del salón.

Fascinado por lo que había visto y como nadie me lo impedía, la curiosidad me empujó a entrar por la otra puerta.

"¿Qué encontraré?" me pregunté.

Después de pisar nuevamente la alfombra me quedé paralizado bajo el arco de la entrada. Un biombo me impedía el paso y la visión. Como la vez anterior volví a exclamar:

-¡Hola! ¿Hay alguien?

Esta vez la respuesta fue el murmullo del agua. Esperé unos momentos y después sin dudarlo, aparté el biombo y con cierta dosis de precaución, me introduje nuevamente en una cámara ajena.

Al extender mí vista, cual no sería mi asombro que me hizo lanzar una nueva exclamación de admiración al tiempo que me detenía junto al umbral.

Mis ojos habían deslizado su visión por una estancia adornada y amueblada al más puro estilo oriental, en cuyo ambiente flotaba un aroma a especias. En su centro, murmuraba el agua cristalina de una fuente embellecida con la escultura del desnudo de una mujer. Durante unos instantes, no me atreví a profanar su suelo. Por fin, mis deseos de contemplar más de cerca lo que estaba viendo, vencieron. Me adentré, y contemplé con gran placer, un trono cuyos brazos eran de oro rematados con la cabeza de un tigre, unos tapices, alfombras y divanes con motivos que representaban escenas de caza y danzarinas semidesnudas. La finura y colorido de estos trabajos eran un tesoro de belleza, emoción y enriquecimiento espiritual. Parecía estar esperando a que la habitara un sultán de barba corta y amplio mostacho, vestido con una amplia túnica de brocado y rodeado de esposas y odaliscas.

Cuando mi mente quedó saciada nuevamente con la belleza que irradiaba aquel mundo tan opuesto al anterior, apesadumbrado decidí alejarme para visitar a mis amigos.

Mientras me retiraba me hice la siguiente reflexión:

-Durante mi andadura por las dos estancias, en ningún momento noté la presencia humana. Pensándolo bien, fue una suerte poder moverme a mis anchas, al no ser limitadas mis acciones.

Sin hacer más consideraciones, tomé la determinación de bajar por la escalera y no hacerlo por el ascensor, aunque éste me había obsequiado con dos espectáculos maravillosos.

Empecé a descender y a medio camino, miré hacia atrás añorando lo que había dejado. Estuve tentado en retroceder para repetir las visitas y también por llamar al ascensor por si éste me deparaba nuevas sorpresas. Pero seguí bajando las escaleras hasta la siguiente planta. Esta si era la planta que yo conocía, a pesar de que en el descansillo se amontonaban escombros y botes de pintura vacíos. No obstante para evitar sorpresas verifiqué que era la sexta planta. Luego llamé a una puerta sucia de pintura y con papeles de periódico pegados. Instantáneamente como si me estuvieran esperando, me abrió una joven desconocida con cara de pocos amigos y unas largas uñas pintadas de rosa nacarado. Con un gesto me invitó a entrar y una vez dentro, la cerró, y dándose la vuelta se alejó sin decir palabra. A este proceder tan descortés, tuve que añadirle que aquel no me parecía el estudio que yo conocía. Estaba viendo un pasillo sin fin, con numerosas puertas a ambos lados que antes no existían. Tampoco se mostraban cuadros en las paredes. En definitiva, no había signos de que fuera utilizado por pintores.

-¿Estaría equivocado de piso? ¿Sería una nueva sorpresa?

Confiando en no haber cometido un error, esperé a que alguno de mis amigos saliera a atenderme.

Durante la espera me llegó un bajo murmullo de conversaciones de la habitación más próxima.

"¿Parece que hay mucha gente? ¿Qué raro? – dije para mí."

Transcurrido un buen rato y, cuando ya empezaba a impacientarme, se presentó mi amigo Alfonso. Después de saludarnos e interesarme por el resto de los componentes del grupo, le pregunté el motivo de aquellas voces.

Sin decirme nada, abrió la puerta y me mostró a un gran número de personas, no solo en su interior, también en una terraza y una plataforma suspendida fuera de la fachada desconocidas para mí.

Estaba pasando de una sorpresa a otra, pero lo que estaba observando creo que las superaba.

¡Todas las personas que estaba viendo eran japonesas!

Ante mi perplejidad, Alfonso me explicó los motivos.

-Toda esta situación se debe al hundimiento de una empresa japonesa que se instaló en el pueblo de Getafe. Debido a su fracaso tanto técnico como comercial, toda la plantilla, desde el director hasta el último trabajador, por su honor, se ven forzados a realizar el viaje al Más Allá. Para este evento han alquilado el estudio.

Era tal mi curiosidad que mi amigo obligado me sugirió entrar y yo encantado acepté la invitación.

Esperaba encontrarme con una habitación que conocía muy bien, por haber desarrollado en ella mis inicios en el arte de la pintura. Sin embargo, me encontré con una estancia recién pintada, libre de todo vestigio pictórico, con sillones y sofás de cuero ocupados por personas de ambos sexos que mantenían conversaciones en voz tan baja, que parecía un velatorio.

Sin comentarios, pasamos a la terraza. En ella, se veían dos grupos de mujeres separadas por un pasillo de un metro de ancho.

En el grupo de la derecha todas eran jóvenes y de cuerpo estilizado, perfectamente maquilladas, vestidas elegantemente y haciendo culto a su cuerpo. Parecía como si fueran a desfilar por una pasarela. Estaban de pie y alrededor de unas mesas cubiertas con manteles blancos y con un amplio surtido de trucha y salmón ahumado, caviar, paté, bombones, pastelillos, cava, vodka y whisky entre otros licores para la degustación. Era un banquete, en el que las asistentes, comían y bebían entre conversaciones chispeantes acompañadas con continuas risas y carcajadas. Era una juerga en toda regla, montada para el acontecimiento que iban a presenciar.

En el grupo opuesto era todo lo contrario, en esos momentos sus vidas discurrían con un sufrimiento constante. Doce mujeres de mediada edad, vestidas rigurosamente de negro y tendidas en el suelo boca arriba, lloraban de una manera desconsolada. Mientras, otras tantas más jóvenes, vestidas con túnicas de un blanco inmaculado, estaban arrodilladas a su lado en actitud pesarosa y las consolaban verbalmente o con caricias, al tiempo que limpiaban sus lágrimas con pañuelos de papel.

En ese momento, la belleza mezclada con el dolor, me trasmitió una gran emoción, que se acentuó al ver cómo un niño y una niña cogidos de la mano, alegremente se incorporaban a la plataforma. En ésta, los adultos de ambos sexos, iban vestidos de rigurosa etiqueta. En ellos predominaba el esmoquin,

165

ellas vestidas con elegancia lucían unas espléndidas joyas y los niños vestían sus mejores prendas. Todos mostraban un semblante normal y en algunas bocas se dibujaba una sonrisa, pero su silencio imponía un gran respeto.

Comentando lo que habíamos visto y, antes de continuar con nuestra charla, Alfonso me abandonó por un momento.

Mientras tanto la noticia de lo que iba a suceder, había corrido como la pólvora por la barriada. Por esta circunstancia, la Policía Municipal intentaba poner orden en una calle de mucho tránsito, pidiendo a los transeúntes que circularan. Unos pasaban rápidamente sin prestar atención, pero otros enterados de lo que iba a acontecer obedecían de mala gana. Los de reacciones moralmente insanas, se apiñaban expectantes para presenciar en primer plano el suceso y alrededor de las vallas que acotaban el espacio para recibir a los viajeros, la multitud se iba incrementando por momentos.

Simultáneamente, dos trabajadores de la limpieza de ambos sexos, barrían y fregaban el escenario acordonado.

Ella, con temblorosa barbilla y unas gruesas lágrimas que se deslizaban por sus mejillas, se lamentaba a su compañero del porqué tenían que hacer ahora ese trabajo, cuando tantas personas se iban a tirar e iban a mancharlo mucho más.

El la aclaró, que el deseo de los viajeros era que, mientras no estuviese bien limpio el espacio que los iba a recibir, no realizarían el viaje. "Esta última voluntad, es para nosotros una orden que estamos obligados a cumplir recalcó el compañero"

Mientras tanto la plataforma, como con cuentagotas, seguía recibiendo clientes.

De repente el sonido de una sirena, avisó de que el suelo de la calle estaba en las debidas condiciones para el acto final. Todos los presentes, como puestos de acuerdo, posaron sus miradas en la plataforma. En ese instante, la música hizo acto de presencia principal en este evento. A los acordes del Lago de los Cisnes, apareció corriendo una niña vestida con traje de ballet y como una blanca paloma, se posó en la rampa de lanzamiento adoptando con gracia la posición primera en arabesco. Instantáneamente, como si fuera el eslabón que faltaba, la plataforma se abrió por la mitad, precipitando al vacío a todos los que estaban en ella.

Parte de los espectadores lanzaron un ¡Oooh! de admiración, y mientras sus rostros mostraban signos de alegría y satisfacción, sus manos aplaudían o lanzaban confetis y serpentinas. Sin embargo la otra parte, las caras reflejaban el horror por lo sucedido al tiempo que lanzaban gritos desgarradores de dolor y.... En ese instante me desperté.

Intenté ahuyentar de mi mente las amargas imágenes del sueño, pero no pude apartarlas de mi pensamiento. Mi intención inmediata fue volver a dormir, pero no lo conseguí. Me costó tiempo, bastante tiempo, volver a zambullirme en un duradero letargo.

www.ingramcontent.com/pod-product-compliance
Lightning Source LLC
LaVergne TN
LVHW091257080426

835510LV00007B/304